霍穆斯的比較教育理論與方法

Brian Holmes' Theory and Method of Comparative Education

陳錦瑩◎著

比較教育叢書總序

　　比較是一種普遍的心靈活動，任何具有進步意識的人，或多或少都會今與昔比，己與彼比，以爲自己在時空交織而成的歷史情境中，找尋合宜的安身立命之所。今與昔比事實上就構成了歷史層面的比較，己與彼比包括的不只是人與人之間的比較，也擴及於地區之間、國家之間，甚至於文化之間的比較。就歷史層面之比較而言，孔子從「周因於殷禮，殷因於夏禮」而推論出「其後百世可知也」，可以說是從歷史比較中，推演出人類典章制度之發展法則。就空間之比較而言，春秋時代吳公子季札從各國音樂風格之不同，而評析各國政教得失，可以說是不同文化風格之比較。

　　比較雖爲普遍的人類心靈活動，不過把比較提升到科學方法層次卻是十八世紀末葉的事。十八世紀以降，承襲啓蒙運動探索可靠科學知識之訴求，各種學術研究領域也有導向科學化的要求。「比較」被認爲是建立客觀有效科學知識的方法，解剖學、語言學、法學與宗教學等均曾試圖以比較方法來建立其本身的科學知識體系。教育研究也在這種學術氣氛下，將比較提升到科學方法層次，試圖透過比較來建立嚴謹的教育科學。比較教育之父朱利安（Marc-Antoine Jullien de Paris, 1775-1848）在一八一六年至一八一七年刊行的《關於比較教育工作的計畫與初步意見》（*Esquisse et vues préliminaires d'un Ouvrage sur*

Iéducation comparée）中就指出：「比較解剖學已經促進了解剖學的進展，同樣的比較教育研究也可提供新方法，以導使教育科學趨於完美。」比較方法之運用即在於導引出眞正的法則，使得教育能夠建立成爲實證科學。

一旦眞正教育發展法則確立，朱利安認爲便可據以爲進行本國教育改革之參照。十九世紀的重要比較教育學者如法國的庫辛（Victor Cousin）、英國的安諾德（Matthew Arnold）與美國的曼恩（Horace Mann）等咸認稍作修正而移植他國的制度是可能的，因爲其基本信念以爲教育通則既適用於各個民族與國家，其他國家的教育改革經驗亦因而可以運用於本國的教育改革。

一九〇〇年英國薩德勒（Michael Sadler）首先質疑教育制度移植的可能性，他認爲學校之外的事務較之學校之內的事務來得重要，學校之外的事務主宰並詮釋學校之內的事務。質言之，教育制度植根於民族文化，不可能作橫的移植。自是而後，比較教育開展了教育的民族性、因素分析、文化形式、影響因素與動力等的研究，一九三〇年代以迄於一九六〇年代的比較教育大家如康德爾（I. L. Kandel）、韓斯（N. Hans）、許耐德（F. Schneider）和馬霖森（V. Mallinson）等均進一步的開展薩德勒的基本觀點，透過比較研究探討教育現象與社會及文化現象之間的基本關係。

對於教育制度與社會文化之間基本關係之探討，一九六〇年代以降比較教育中的實徵論者嘗試以自然科學中的因果法則來加以分析。尤有甚者，過去以國家教育制度爲主要分析單位，徹底的實徵論者將制度肢解爲變項（variables）來處理。這種論述的方式，也遭致詮釋學、批評理論、現象學、俗民方法論等研究取

向之批判。這些論爭的背後，隱含著比較教育的一個危機——比較教育在學術體系中地位不明確，無法確立自己本身的學科認同（disciplinary identity）。

　　不管比較教育研究的理論與方法有多紛歧，比較教育從朱利安以迄於當代的主要理論，均有一種改良主義的企圖。比較教育研究雖有建立解釋教育發展之理論知識之意圖，然最終終將研究成果轉而為教育改革的政策。晚近世界各國教育改革均極重視比較教育研究，試圖借助於比較教育研究的成果，來釐定高瞻遠矚，而又具體可行之教育改革政策。

　　本叢書的編纂主要針對比較教育兩個發展主軸：理論知識的建構與教育決策的形成。本叢書的理論系列部分將以深入淺出的文字對比較教育中的重要理論，加以闡釋，使讀者對於比較教育這門學科的發展有通盤的了解。另外，本叢書也將對世界主要國家的最新教育發展動態，進行分析，使讀者能夠掌握世界性的教育改革動態，而認清我國當前教育改革之定位。因此，本叢書不僅可以提供專門研習教育者作為基本讀物，對於關心我國教育改革前途者亦極具參考價值。

楊深坑　謹識

一九九八年八月

楊　序

　　比較教育乃是一門新興的學科。當代英國比較教育權威學者霍穆斯（Brian Holmes）博士稱它是一門「理論歸納的社會科學」（theoretical generalizing social sciences），包括應用各種學理（theories）、假設（hypotheses）及法則（laws）等從事研究、分析、比較各國教育問題。一般而言，比較教育研究應包括理論與實際兩方面。就理論來說，比較教育在增進吾人了解教育的過程及其問題；從實際而論，比較教育旨在協助教育行政工作者從事具體的、有效的教育（或學校）改革。其實，理論乃為實際的基礎，而實際可以印證理論，兩者相輔相成，缺一不可。

　　霍穆斯博士，也是國際比較教育學術界著名的人物。霍氏的比較教育方法論，重視科學研究的性質及改革為主要目的。在從事比較教育問題析評方面，極具參考價值。回顧六〇年代初期，比較教育逐漸受到自然科學典範革命的影響，對所謂「絕對性」與「一般法則無條件的效度」提出質疑，開始反省比較教育研究中「情境脈絡」（context）的地位，因而帶動比較教育界方法論的研究熱潮。霍穆斯便是六〇年代方法論研究熱潮的領導人物之一。他省思當代科學哲學與社會科學哲學的諸多爭議後，採取折衷的立場，企圖整合實證主義與反實證主義兩派的爭議，被稱之為新實證主義者。除了學術研究，霍穆斯亦參與創立許多國際性的比較教育機構，為比較教育的研究社群立下制度性的基礎。

在倫敦大學幾十年的研究生涯中,他指導了約九十位研究生,這些學生的論文所研究的國別遍及五大洲。觀諸霍穆斯的比較教育生涯,他可說是身體力行了比較教育國際化的目標。

個人有幸於一九七一年至一九七三年在倫敦大學教育研究所深造時,即在霍穆斯博士所指導下,從事〈進步主義對當代英美教育影響之比較研究〉博士論文撰寫工作,二年之間,追隨業師研究比較教育,對其方法論之精湛素養與獨特之見識,深表佩服,且頗具心得。返國之後,即著手編寫《比較教育方法論》一書,由正中書局於民國六十四年出版,為國內第一本研究比較教育方法論的重要參考資料。

本書作者陳錦瑩小姐,係國立暨南國際大學比較教育研究所第一屆畢業生,在所研究期間,好學深思,潛心鑽研方法論,尤專攻霍穆斯問題解決方法論,其學問益見精進,且學冠諸生。陳小姐將近年研究心得寫成此書,其內容包括兩部分,第一部分有關霍穆斯的比較教育理論論述,第二部分則探討霍穆斯在一九六五年所提出的問題解決方法論。無論是理論論述或方法論的架構內涵,均可以顯現霍穆斯畢生致力於將比較教育建構為具有指引力量的教育科學。借用霍穆斯「彈珠遊戲」的比喻,若比較教育研究是彈珠遊戲場,至少霍穆斯在其中衝擊出許多火花,留予後繼者更多新的理念與新的研究空間。縱覽全書,取材豐富,探索深入,論說有據,甚富參考價值。爰誌數語,以為推介。

教育部政務次長

楊國賜

民國八十八年十月十日

自　序

　　雖然近幾十年來全球的比較教育研究社群有顯著增加，但比較教育這門研究領域仍存在諸多爭論與學科認同的危機，這些爭議和危機與比較方法、比較方法論密切相關。

　　觀諸比較教育的發展史，歷經旅人故事期、文化借用期、國際教育合作期、歷史分析期，以及六○年代以降的社會科學研究期，方法論上的爭議大體不離實證主義與反實證主義兩大派別。這兩派之間的歧異至六○年代出現整合的呼聲，英國比較教育學者霍穆斯（Brian Holmes）所提出的問題解決法是最為折衷之法。

　　霍穆斯在一九六五年提出問題解決法時，曾明確指出比較教育的兩個目的：「比較教育一方面是教育改革或計畫性發展的工具，另一方面亦為獲取理論知識的研究方法」。之後在《比較教育：方法上的考量》一書中，霍穆斯又重申：「問題解決法不僅希望作為一個理論架構，將科學哲學與當代社會科學哲學的爭議納入考量；同時，此一典範亦希望能展現出比較教育研究對計畫性教育改革的貢獻」。這些宣稱顯映了霍穆斯希望以問題解決法作為教育改革與理論建構的工具。

　　本書對於比較教育發展過程中曾面臨的文化借用問題、實證主義爭議、教育科學計畫的缺失以及比較教育資料的收集與分類方式均有不同角度的探討，尤其在第二部分專門探究霍穆斯於一

九六五年爲整合實證主義與反實證主義的爭議所提出的問題解決方法論。筆者才疏學淺，書中有疏漏、誤解之處，尚祈方家不吝指正。

很感謝比較敎育叢書主編楊深坑老師給我這個機會撰寫本書；深深感謝楊國賜老師在本書完成後，雖然公務相當繁忙，仍答應審稿並慨允賜序。另外，揚智文化晏華璞小姐的細心校稿在此一併致謝。

陳錦瑩

目　錄

前　言

　　……在這個開放社會中，我們在「學術象牙塔」中所獲致的任何研究結論肯定會受到各方爭議；因此，我認為比較教育學者不應企圖改變世界，而是應試圖了解這個世界。未來的比較教育學者要實現這項有點狂妄的抱負，端賴本身的學養訓練；就好比「彈珠遊戲」（the glass bead game）一般，要打一場漂亮的「彈珠遊戲」，除了一方面要經常舉辦國際會議，促進學術交流，另一方面，可以藉由師生之間的腦力激盪，產生智慧的火花……。

　　　　　　　　　　　　　　　　　～霍穆斯，一九七九

　　早年的霍穆斯（Brian Holmes），由於二次大戰結束，一九四五至四六年間自軍中的雷達通訊官退伍後，在一所文法學校教授物理學、數學及普通科學，同時在倫敦大學教育學院修課。他在那裡遇到影響他學術生涯甚深的兩位比較教育學者——韓斯（Nicholas Hans）與羅威士（Joseph Lauwerys）。當時韓斯在國王學院講授比較教育課程，條理相當一貫、分明，令霍穆斯深深折服。霍穆斯在韓斯的引介下開始接觸比較教育，他可謂為霍穆斯在比較教育領域的啓蒙者；而霍氏物理學方法的老師羅威

士則引領他接觸許多當代科學哲學的爭議，是激勵霍穆斯以比較教育爲志業的良師。

自一九五三年開始，霍穆斯受邀至倫大教育學院擔任《世界教育年鑑》的助理編輯與進修部門的講師，因而獲得在比較教育領域工作的機會。他主要負責準備年鑑的卷冊，協助編輯並將之付梓。當時《世界教育年鑑》每年都會選擇一個新的主題，從比較的觀點進行分析，邀請世界各地的學者爲文探討，霍穆斯自陳這是他生命中最具挑戰性、最愉快、成長最多的一段時期，不但每天與韓斯、羅威士接觸，並定期與當時共同編輯之一的哥倫比亞大學師範學院霍爾（Robert King Hall）教授會面。這些先驅又促使他接觸到所有定期在《世界教育年鑑》中撰文的比較教育名家，對霍穆斯而言，這是一段相當棒的學徒生涯（Holmes, 1981:5）。

在一九六二年，霍穆斯獲聘爲倫敦大學比較教育副教授，自此完全投入教育學院的事務。由於霍氏幾乎在每個委員會、政府委派的專門小組中均曾擔任職務，因此對這所全英國最大的師資專業養成機構的相關事務、各個制度層面瞭若指掌。一九八二年，霍穆斯出任倫大教育研究所代所長以及教育學院院長（McLean, 1987:6），居決策與執行的關鍵地位，再加上霍氏本人在學院默默耕耘二十幾年所累積的行政資歷，大大提升比較教育此一學門在倫大教育學院的地位。值得注意的是比較教育屬於新興學門，並未在大學院校的教育研究中享有與心理學、哲學、社會學等學門同等的地位，而且當時英國教育當局很少公開肯定比較教育學者的建言對教育決策的重要性，即使國外教育制度似有值得學習之處，決策當局往往求教於其他領域的教育學者，這種情況使比較教育學者在耕耘比較教育學術園地時，往往面臨較

其他學門更多的困境，因此霍氏對比較教育研究所作的諸多努力實值得肯定。

霍穆斯在國際學術界亦相當活躍。一九五〇年代末期，霍穆斯曾以訪問學人的身分至美國、日本；而自六〇年代開始，每年會到蘇聯進行學術之旅；之後又與中東、遠東國家密切接觸、往來頻繁，建立廣大的學術網絡。此外，霍穆斯是一九六一年歐洲比較教育學會的創建者之一，亦爲該學會首任財務長，隨後又出任學會會長（McLean, 1987:4）。他亦是英國比較教育學會創始會員，也參與比較教育學會世界委員會的設置，並擔任過該委員會會長。最爲霍穆斯本人津津樂道的是在一九五三年至一九七二年擔任《世界教育年鑑》的助理編輯與編輯工作，《世界教育年鑑》是學術性、智識性的教育論壇，投注相當心力於國際比較教育的議題，奠定了一九五七年的《比較教育評論》（*Comparative Education Review*）、一九六五年的《比較教育》（*Comparative Education*）等刊物的基礎。

霍穆斯在教學方面亦成就斐然，其所指導的博士班學生除了英國籍、美國籍，尚包括加拿大、日本、印度、斯里蘭卡、埃及、澳洲、紐西蘭、義大利、迦納、烏干達、伊朗、科威特、馬來西亞、阿爾及利亞、蘇丹、希臘、賽浦路斯、巴西、委內瑞拉等等國籍的學生，這些學生所撰述的博士論文亦與這些國家的教育制度、教育問題相關（見附錄二）。這些教學成就均構築了霍穆斯個人學術網絡的基礎，這些網絡超越了東—西方、南—北界在政治／意識形態上的隔閡；較之戰前比較教育學者一直茲茲不懈、努力促成「教育的國際性了解」，霍穆斯在觀點、見解、行爲方面可能更爲徹底的國際化了。

一九八五年九月，霍穆斯自倫敦大學教育學院退休。縱觀霍

穆斯的學術生涯，他除了花費相當心力鑽研比較教育的科學方法
學，更走出學術象牙塔，致力將理論應用至實際，主張採由上而
下（top-down）的方式，從政策面解決教育問題；同時亦活躍於
國際比較教育界，參與許多國際學會的創設；所指導的學生遍及
海內外，這些學生在他指導之下所作的各國教育比較研究更遍及
五大洲。這些學術與教學成就，就如霍穆斯本人在一九七九年昇
任教授的就職演說中的比喻，他確實認真的打了一場漂亮的「彈
珠遊戲」（Holmes, 1979:40），實堪稱比較教育學者的典範。

1

霍穆斯主要的比較教育立論

第一章
比較教育中文化借用的正當性

　　文化借用歷史悠久，可遠溯至柏拉圖（Plato）時代；儘管如此，文化借用在比較教育研究上的諸多問題，諸如理論的正當性、付諸實際時是否可行等等均值得深究。觀諸霍穆斯的立場，他並不認同選擇性文化借用，其主要批判如下。

一、經由訪問、觀察他國制度所得報告往往存有主觀意識形態的偏頗

　　霍穆斯指出，在文化借用悠久的歷史中，最著名的提倡者首推柏拉圖。柏氏觀察斯巴達，然後將該城邦所有他認為最好的制度融入所構畫的理想國中，這種採行斯巴達模式的意圖可視為比較方法的先驅，同時亦為文化借用形式提供一個最徹底的例證。

　　此外，十八、十九世紀的歐洲亦處處可見文化借用的例子。俄國彼得大帝亦曾派遣官員至英國公立基督書院（Christ Hospital）的皇家數學學院（Royal Mathematical School）考察，打算在俄國設立相似的機構來訓練海軍人員與工程師；巴納德（Henry Barnard, 1811-1900）對彼得大帝的目標曾有所評估：「他意圖移植西方文化至俄國，由於這個目的，他派遣俄人

到外國並邀請外國人至俄國……」（Holmes, 1981:21）。普魯士泰瑞沙（M. Theresa）女王對此亦相當熱衷，企圖發展全面性的教育改革計畫，授與帝國大臣庫尼茲（Kaunitz）王子收集他國教育改革資訊的任務；一七七四年，庫尼茲發函給普魯士各駐外使館，索取各國不同層面教育制度的資料，以利於普魯士教育的重組；之後，在一八〇一年，普魯士政府派遣視察團至瑞士白格村（Burgdorf）研究裴斯塔洛齊（Pestalozzi）的教育工作，並鼓勵有抱負的年輕人到白格村學習，以便成為優秀的教師與行政者回普魯士服務。

十九世紀前半期，正值各國建立國家的初等教育制度，海外旅遊潮增加；這些旅人的目的在觀察外國學校可資借用的特色，以便移植至本國的教育制度中，他們往往受命於政府研究國外學校的情形，擁有相當大的空間建議祖國政府任何自認為有利於改善祖國制度的方針，同時拒絕任何自認為有害的制度，而他們所撰寫的報告往往廣為流傳。不過，霍穆斯指出他們雖然下筆謹慎，但從報告中卻看不出他們是否有目標的收集可比較性的觀察資料、進行分類或探討分類教育資料的問題。從直接觀察得來的文件式實據與資訊成為這些旅人提供建言的基礎，這些建言因而不可避免的帶有主觀意識形態的偏頗。

二、十九世紀選擇性文化借用的不當

在一八一〇至一八八〇年這段期間，正值歐洲與北美各國試圖建立國家的初等或基礎教育制度，一些十八世紀的模式便受到採用，初等或基礎教育制度日漸普及；因此，十九世紀初期，歐

洲與北美多數的主政當局（不管地方或中央）均尋求突破，試圖削減或消除教會在學校經營方面的壟斷地位，開放給一般青年學子。大約到一八八〇年，西歐諸國與美國初等教育制度的普及化與義務化已交由非專業人士掌控，且正在落實中。至一八八〇年後期，對初等教育後期或中等教育階段的擴張開始出現爭議；一九四五年後期的爭議焦點則在中等教育的重組，大學與高等教育機構急遽擴增。

對於十九世紀前半期，霍穆斯認為可以稱之為「選擇性的文化借用」（Holmes, 1981:22），因為即使普魯士的立法、學校及師資培育吸引諸多注意，但並非普魯士所有教育制度層面均為國外訪察者所喜，甚至有些訪察者的主要興趣是在歐洲著名教育家的著作或工作上。霍穆斯指出在弗萊瑟（Stewart Fraser）的記載上，一八一〇年至一八五〇年這段期間，到歐洲學習他國學校特色或教育家立論的美國人有希立門（B. Silliman）、格利斯肯（J. Griscom）、史道（C. Stowe）、貝區（A. D. Bache）、伍德布萊區（W. C. Woodbridge）及曼恩（Horace Mann）。

一八一五年，格利斯肯參訪大不列顛、法國、瑞士、義大利、荷蘭諸國的教育制度，並於一八一八至一八一九年間出版《歐遊歲記》（*A Year In Europe*）一書，描述他拜訪裴斯塔洛齊，對裴氏教學法印象深刻。韓斯認為格利斯肯確實影響美國教育，不過，雖然他保存蘭卡斯特（Lancaster）機械式教學法，並在紐約設立蘭卡斯特式的私立中學，但在美國正史上難以發現他的影響層面。伍德布萊區則以《美國教育年刊》（1830-9）的編輯聞名，並多次訪問歐洲，了解斐藍柏格（von Fellenberg）與裴斯塔洛齊的教學方法。應俄亥俄州議會之邀，史道於一八三七年提出《歐洲的初等教育》報告，隨後好幾州都曾在官方文件中再版

他的報告。麻塞諸塞州教育董事會秘書長曼恩在一八四四年曾提出研究報告盛讚普魯士三R教學法以及教師不須訴諸體罰便能維持紀律的方式（Holmes, 1981:23），希望藉此激勵麻塞諸塞州的教師，不過卻引起波士頓的學校領導者激烈反對，因而展開長期而劇烈的辯論。這場辯論以相當戲劇性的方式，顯示出比較論據自長久以來的使用方式之一——文化借用者經常採用有所偏頗的比較方式，勸說本國人民更加努力改善本國教育成就水準。

三、文化借用的錯誤在未能考量立國精神與民族性

　　所有的「文化借用者」都希望確定本國制度不會因移植他國的革新方案而受到傷害；霍穆斯曾經以庫辛（Victor Cousin）為例，說明他在深深折服於他國教育之餘仍秉持的謹慎態度。庫辛所著《普魯士公立學校教學現況報告》文摘在一八三六年於美國刊行，在庫辛的文摘前言中，泰勒（J. Orville Taylor）對這樣的報告甚表歡迎，並指出從普魯士的學校制度中可以學得許多寶貴的經驗，不過他同時警告「普魯士公立學校制度有許多部分並不適用於美國精神與民族情感，亦不適合美國的政體」。

　　庫辛應法國政府之邀研究初等教育與師範教育後，對法國國家傳統的統一性更具信心；他寫道（Holmes, 1981:23）：

　　　　德國經驗對我們並非一無是處，國家間的對立與敵視絕對是不當的；真正偉大的民族並非毫不借助他國經驗，而是能借用他國之長，並將原本適當的制度改進得更為完美。

　　庫辛堅信法國能夠吸取所有優點而「不會喪失自我」；他的

報告在英國引起廣大回響，霍納 (Leonard Horner) 並且翻譯庫辛關於荷蘭教育的報告書，盡力鼓勵他的英國同胞「從鄰國汲取教訓」。

「文化借用期」關涉初等學校教育以及小學教學法的發展，在多數國家這些學校代表著革新，幾乎少有國家擁有悠久歷史，或甚至因為新近建國而尚無歷史可言，所以較之十九世紀末中等教育擴張時期，這個時期甚少考量到文化借用可能產生的困境與危機；那時許多國家的初等學校制度屬於強迫性的義務教育，不過，非強迫性的學校制度之形式、內容、行政卻是各國政府所面臨的議題。技術訓練在教育制度中的定位為各界爭議的議題所在，大學預備階段的學術教育，究竟應為公立或私立亦眾說紛紜；多數國家長久以來，一直致力不懈於制度的改革與擴張，而在這些大環境之下，學者對「文化借用」觀念的態度轉趨謹慎，而對支持改革的比較論據亦不再如從前般充滿信心。

在新一代的行政人員中，英國的薩德勒 (Michael Sadler，1861-1943) 與美國的哈立斯 (Harris) 均認為選擇性文化借用既無法實行亦不具價值；當時許多英國人開始察覺德國日漸對英國工商業原先的優勢造成威脅，因而多偏好依循德國的教育路線。薩德勒對這種觀點堅決反對，他體認到德國巧妙的以教育配合工商業，雖然盛讚德國制度並承認德國確實有諸多值得學習之長處，然而他寫道 (Sadler, 1902:44)：

> 沒有任何國家僅僅靠著模仿德國組織，便就此希望能真正、完全複製德國制度的精神；組織的結構實際上造就整個體系，這是優點，卻也是個陷阱；若要學習便全盤皆學，否則寧可不學。

薩德勒堅持「立國精神（living spirit）是教育制度的一部分……，所有優良而且眞正的教育均是國民生活與民族性（national character）的表現」；就是這種精神、民族性彰顯了學校教育，這些精神也是教育學者建立國家的教育制度時所不願放棄的；換言之，教育學者旣不願意接收他國的「立國精神」或「民族性」，亦不願放棄本國的傳統。

　　哈立斯與薩德勒的見解相同，他重視將「本國種族特質融入學校制度中，使學校無形間維繫了制度的永續不墜」，使一國的時代精神彰顯在教育制度中。哈立斯認爲學生在學校中所接受的訓練及他們遵循國家律法的習慣，二者間的關係形成了「比較教育學科學」（a science of comparative pedagogy）的基礎；他進一步指出旣然「教育價值」與「特殊成果」的多元性來自於教育制度，他希望能在評估相對優點之前，「對國外的教育方法進行更具辨別力的比較，以便可以了解整個問題的範圍；在我們根據他國學校成效來衡量本國的辦學成效時，必須毫無遺漏的完整考量每項教育價值」。

　　哈立斯著重每種制度的獨特性，但力倡將「因應地方需要而發展出的特殊、偶發措施以及普遍、適用於所有教育制度的措施」作一區隔；哈氏相信外國教育制度的比較研究有助於形成某種適用於各地教育制度運作的一般原則，而且論斷「這種知識具有指引力量」，可以在獨特環境下進行具有信度的預測（prediction）——這是當代哲學家在進行科學研究時相當重視的。

　　此外，烏辛斯基（K. D. Ushinsky，1824-70）在比較科學與教育二者的特性時，對國民生活及民族性表現在國家教育制度中所顯現的獨特性，亦有精闢的見解。他寫道：「科學之所以爲科學，是因爲只接受符合一般人類思想法則的結論」；教育卻不

然，「教育全盤接受個體身、心、靈整體——包括民族性與個性，尤其影響個性；而民族性正是植基於個體的個性」（Piskunov, 1975）。因此，雖然烏辛斯基承認「全歐洲國家的大衆教育制度乍看之下相當相似……」，皆源自於歐洲的精神生活層面，但在同質性之中，「卻含納著一個全然不同世代最異質的性格」；他認爲每個歐洲國家各自擁有本身獨特的國家教育制度、各自的目標以及達致這些目標的方式。科學的觀念與獨特的國家特徵不再對立；例如，學術界的比較教育先驅，相當偏好採用「民族性」的觀念來解釋制度間的差異；康德爾（I. L. Kandel）與韓斯二人均以民族主義與民族性作爲解釋性的「因果（cause-effect）關係」或「因素」（factor）；康德爾在《比較教育》第一章專論「教育與民族主義」，宣稱國家自我意識的成長賦予教育制度獨特性，並將民族主義詮釋爲在學校的運作管理時，賦予國家更大的掌控空間以及擴大社群參與；韓斯沿用康德爾的因素分析法，來分析國家的自我意識，並以本身所提出的理想國組成因素，來解釋國家制度間的差異。

在眾多提倡民族性概念的比較教育學者之中，要以馬霖森（Vernon Mallinson，1910- ）的努力最爲不遺餘力；他反對韓斯某些必要的分類範疇，改而遵循吉斯伯格（M. Ginsberg）所定義的民族性，來進行本身的國家教育制度比較研究。對馬霖森而言，民族性是「專屬於某特定民族普遍持有的整體思考傾向、情感與行爲，並在世代傳承時具有或多或少的延續性」（Mallinson, 1957:14）；簡言之，他將民族性等同於「集體共有的心理素質」（collective fixed mental constitution）（Holmes, 1981:26），只要擁有這些素質，便不自覺的會持有共同目的及表現相同的行爲形式，這些深植於人心的情感在歐洲可

能會限制某種改變，在美國則會鼓勵改變；民族性不但可以解釋學校制度的差異，還可用以解釋社會中變遷與非變遷的部分，在進行比較教育的研究時是個相當有用的概念。

霍穆斯強調，如果要了解某國的「立國精神」與公民「共有的心理素質」，熟悉該國的歷史與文獻相當重要。關於民族性的文獻相當多，如塔斯達斯（Juan Tusquets）在論述西班牙對比較教育的貢獻時，曾提及賈塞特（Jose Ortega y Gasset，1883-1955）與馬達里牙哥（Salvador de Madariago）；前者的知識論主張不同的概念系統可以用來詮釋這個世界，每個概念系統都是獨一無二，但卻同樣為真。賈塞特這個立場，正好與那些打算以民族性來解釋國家、文化差異的比較教育學者不謀而合，他本人是西班牙民族性重要的詮釋者，終其一生致力於西班牙文化與文學生活，貢獻至深。馬達里牙哥一九二八年於西班牙出版的《英國人、法國人、西班牙人》一書探討民族特徵，是比較研究領域中的經典之作。希耶哥夫列德（Andre Seigfried）於一九五二年初版，以英文撰寫的《種族特性》（*The Character of Peoples*）亦同為經典之一。這兩本值得研讀的範典，乃是以深刻的洞察為基礎的印象式研究，從中可以了解民族特性，不過書中內容卻也相當具個殊性。霍穆斯建議建立一個可為他人複製、沿用的理念型模式（ideal-typical model），據此比較國家的理念、遠景、抱負，並藉由推論方式比較激發人類行為的心態。

四、比較教育的文化借用史

(一)教會學校、殖民主義

　　如果說一八八〇年至一九四〇年這段期間，歐洲與北美中等學校教育、高等教育制度所呈現的獨特性，是源自於國家情感的力量，那麼一八〇〇年之後，亞、非以及部分拉丁美洲的教育發展歷程所受到文化帝國主義宰制的程度，實值得誌之。當時商人、軍人、傳教士、殖民官員各自所懷的目標並不十分相同，所能做的僅僅是在殖民地中設立類似祖國制度的學校形式，這些仿自歐洲的模式，無疑地經過殖民地的地方傳統與習慣的修正。這些制度不應被簡化為是欺壓那些不具任何權力的市井小民，派系與教會間的交涉、地方官員與殖民地教師間的協商均相當複雜，這種複雜度，端視當時殖民政權，如何輕忽當地情境脈絡而移植祖國學校制度的程度。

　　殖民政權落實教育政策的信念每每不同，法國人民便堅信對法國有益的政策必然對殖民地有益，法蘭西帝國的教會學校與殖民學校儘可能的與法國祖國相似，殖民官員亦相當支持傳教士向回教徒、猶太人、佛教徒以及異教徒傳布法國文化與天主教文化的優點。

　　美國在菲律賓群島的殖民政策，亦與法國作法相同；美國政府由於對職業教育、實用教育的偏見，因此企圖在深受西班牙傳統影響的菲律賓群島上引進普及的初等教育。

英國的政策以及負責政策運作的官員態度較為矛盾；曾有許多年，大英帝國的政策目標在幫助殖民地設立本身的政府，並逐漸脫離英國而獨立；然而縱觀帝國教育史，總是存在諸多爭議，或有論者謂教育的改進方案應植基於既存的制度，亦有如麥考利（Macaulay）之士，將東方古典傳統與當地母語斥為毫無研究價值，麥考利在一九三五年發表著名的宣稱，強調英國在印度的主要政策目標是培養「流有印度血統與膚色」，卻具備「英國式的品味、見解、道德感及智識」的人民；這項論點在印度相當盛行，但在其他地方，這項同化政策卻未獲熱烈回響；一旦傳教士將聖經譯成當地母語，打算以地方方言教授聖經，或打算設立職業學校，總是未能成功，家長與學童嚮往的是歐洲風格的學校。

然而，英國官員對設立基督教學校的政治意涵均很敏感。西印度群島的殖民官擁有相當的政治自主權，他們擔憂傳教活動與教會學校將引發奴隸們的不安分與反抗；一八〇二年牙買加通過一項法案，限制教士在黑奴間進行傳教活動，這項法案因英國政府認為過於苛刻最後駁回；一八〇八年廢止買賣奴隸，一八三四年解放奴隸。這些措施，在在顯示政治壓力對這些殖民地以及教士們所提供的教育機會具有一定程度的影響。

在其他回教徒或佛教徒居多數的地區，英國官員則固守陣線，不願越界；當時傳教士被告知不准進入回教酋長所控制的北奈及利亞，也被警告不准在默罕默德阿里所主政的埃及試圖向回教徒傳教，不過向猶太人傳教則是許可的。在喀什米爾（Kashmir），傳教團起初不能設立學校，只能在醫院服務。在錫蘭，與康狄國王（the King of Kandy）於一八一五年達成協議，保護佛教免於受基督教威脅。在這些領地中，利用教會學校取得優勢的族群——包括奈及利亞的依比斯人（Ibos）、埃及的卡玻斯人

（Copts）、錫蘭的坦米爾人（Tamils）──都有高比例的人口接受西方的歐式教育，一旦這些情況相似的領地獨立後，這些少數族群所取得的教育優勢與所擁有的行政權便導致嚴重的政治衝突。

反抗歐式教育的方式相當多樣，例如，印度較高階級的僧侶與士族成員奉行本身的印度教，不容易轉而信仰基督教，但卻接受英國式中等教育。在錫蘭，收費的教會中學吸引都會地區的佛教徒與印度教徒，許多印度教徒轉變信仰，並進入政府機構、文藝專業領域或政治領域中服務。喀什米爾許多傑出的政治領導人都是接受教會學校的教育。這些知識份子所組成的領導團體在獨立前力倡民族意識，並為反英活動的核心份子，而獨立後，這些不同團體的團結不再，取而代之的是彼此間的衝突。

總之，不管是刻意或偶然的，歐式學校教育以及背後的時代精神均為殖民地所吸納，學校教育所提倡的民族主義形式正好與政治上的帝國主義對立，成為推翻帝國主義的重要媒介。許多殖民地的少數菁英，說的一口較祖國母語為佳的英語，且他們的品味、行為舉止及見解，均類似於英國傳教士與官員；不過，英國或蘇格蘭教育制度背後的「立國精神」，是否亦融入殖民地中實在令人懷疑。事實上，立國精神與民族意識可以確保殖民地獨立建國後能延續國家目標，並將居於共同主權領地中說不同語言、信仰不同宗教、擁有不同社群關係以及親族關係的人民團結在一起。

㈡二次戰後的技術支援方案

文化帝國主義與文化借用的問題在二次戰後殖民地獨立建國

後仍未獲得解決；多數的新興獨立國家尚未工業化、低個人收入、低國民生產毛額，除了過去殖民政權監督以外，少有政府運作的經驗，同時也沒有普及教育制度。在教會學校接受教育或在軍隊中受訓的少數菁英在獨立建國後，面臨提升生活水準、創設民主政體以及擴張教育的任務。

　　聯合國教科文組織（UNESCO）的一些創建者於一九四五年集會倫敦，一致認為應致力文明發展並為世界和平尋求一個哲學根基。然而某些參與聯合國教科文組織草創階段的人士認為這種道德約束力不切實際，對聯合國教科文組織是否確能整合共產世界與非共產世界、西方人民與非西方人民、富國與窮國持懷疑的態度。這派持相左立場的人士希望聯合國教科文組織發揮一定範圍的服務功能，雖然這樣的觀點盛行於當時，但在聯合國教科文組織的憲法序文中仍可發現道德論調；序文中有這樣一段陳述：「聯合國教育、科學、文化組織的設立宗旨在透過全球各地民眾的教育、科學、文化關係網絡，促進國際和平以及人類共同福祉的目標，這便是聯合國組織創立的目的與憲章的宣稱所在」。

　　在早期的出版品《基礎教育》中，曾探討達致這些目標的方法，許多當時參與創設組織的人士均建議聯合國教科文組織首先應處理文盲問題，認為應透過逐漸降低文盲數的方式達到最終消除文盲的任務。羅威士指出文盲嚴重的國家並非發動戰爭的禍首，因而主張執行消滅文盲的任務時，工業國家不應列為首要優先，最後非工業化國家在一九三八年的一項源自印度聖雄甘地構想的方案中獲得優先執行的機會，作為方案實施重點的基本或基礎教育建議，一個健全的普通教育應透過社區的職業活動來達致，因此印度村落的工藝活動在當時便成為方案施行的重點。

值得注意的是，在一九四五年那個年代，基本上並沒有具成效的基礎學校，聯合國教科文組織為了驗證這類學校的可行性，便開始從事前導性的研究計畫，基礎教育很快的不僅僅是一種實驗計畫而已，迅即成為一項萬靈丹；當其他在低所得國家推動的消除文盲計畫或普及初等教育（UPE）計畫搖搖欲墜或甚至失敗時，基礎教育被視為解決教育問題的萬靈丹。

基礎教育作為發展中國家的模式，必須與歐洲的教育模式競爭。聯合國世界人權宣言的第二十六條明示（Holmes, 1981: 31）：

1. 每個人都有接受教育的權利，教育應為免費的，至少在初等與基礎教育階段應該如此。初等教育應為強迫性質；技術與專業教育應方便一般大眾研讀；高等教育則應讓所有具實力的人易於進入就讀。
2. 教育應培育人類個性的完整發展，並強調對人權、基本自由的尊重；教育應促進所有國家、種族、宗教團體間的了解、包容、友誼，同時應推廣聯合國維持世界和平的活動。
3. 家長有為子女選擇教育種類的優先權。

普及初等教育、選擇性中等學校以及選擇性高等教育制度的模式，正與康多賽在一七九二年法國立法議會中所提出的計畫相同，亦如同傑佛遜於一七九九年、一八一七年在自己的家鄉維吉尼亞州所提的方案一樣。康多賽與傑佛遜兩人均未能見到自己的計畫付諸實際施行，不過從他們計畫的時代背景，可以解釋歐洲與美國教育的歷史。國家制度所顯現的差異代表國家對模式的詮釋，這個模式首次受到修正是在美國，一八七四年密西根最高法院裁決社群可以利用公債合法支持高等學校教育，自此全美國高

等學校入學率以驚人的速率增加，以至於到一九四○年基本上美國所有的學生均能進入高等學校接受教育。普及中等教育則是湯尼（R. H. Tawney）於一九二三年在英國提出，一九三二年藍格溫（Paul Langevin）亦在法國提出相同構想，不過一直至二次戰後才有眞正的進展。蘇聯的共產政府開始從頭普及全國的教育機會，從沙皇時代延續而下的教育機會之低，以至於直到一九五八年才有效達致八年強迫性義務教育的一定就學率，至一九七○年代末期全民十年學校教育才到達一個水平。

霍穆斯認爲這些運動應根據具有一定信度的模式來檢視，這些模式屬於規範性的，衍生自意識形態，亦代表過去沒有機會付諸實行的計畫；簡言之，它們已有既定目標，並在二次戰後成爲教育立法賴以爲基礎的模式，亦爲新興獨立國家致力追求的成就。基礎教育及其備選方案——普及初等教育、選擇性中等教育、選擇性高等教育，二者均被視爲規範架構，聯合國敎科文組織的技術支援方案便是在這樣的架構下進行計畫構思。普及初等教育在許多方面與基本教育並不相容，然而在喀拉蚩（Karachi）、聖地牙哥、東京所召開的一連串會議中，由於專家的建議，普及初等教育的目標迅即在相當短的時間內成爲基本政策之一。坦桑尼亞自立政策的成功無疑地說服世界銀行承諾，對將基本教育列爲重點政策的政府提供財政援助。

有兩件事情值得注意，首先，戰後所提供的國際或多國援助主要乃假定一個普遍適用的全球模式，能在所有情境脈絡下施行。在聯合國敎科文組織的主席佛爾（Edgar Faure）領導下，曾提出一份《未來學習》（*Learning to Be*）的報告，文中曾詳述這個全球模式。無庸置疑的，它是個共識下所產生的模式，但內部卻仍含括著不一致與矛盾，從中可以辨別出聯合國敎科文組

織的成員，對制度背後所意涵的特定哲學或「立國精神」的理解程度，不過這些意涵尚未充分明顯到能阻礙成員們間的共識。其次，與第一項特徵有關的第二個國際模式均以最為一般性的語詞來進行描述，留予田野工作者實際研究時相當大的空間，以自認為適當的方式詮釋政策原則。

雙邊支援方案對模式的運用方式提供了些許線索，在缺乏比較教育的健全背景之下，英國、法國、美國、蘇聯、瑞士及其他各國的專家在早期所能做的，僅僅是盡其所能的建議政府落實一個理想型態普遍模式的方式——就如前述基本教育的例子，而他們對這個普遍模式卻是毫無經驗。這些專家所提出的解決方案往往來自他們祖國的作法；這些專家亦會以他們所知的制度為師法對象，幫助他們當地的搭擋創設相似的制度。我們可以發現當時英國、美國的專家幾乎總是忽略情境脈絡，支持那些引進地方分權制度的教育行政者，例如，身為美國教育特使團成員之一的康德爾，在二次戰後不久訪問日本，建議日本當時具有相當有權力的教育部應當僅擁有諮議權，真正的權力應下放至地方教育當局，這樣的建議所造成的結果之一，是日本教師公會中共黨勢力的影響力日增。

霍穆斯將這種技術顧問歸類為新殖民主義者，他們擁有舉世頂尖的頭腦，在不知不覺的情況下成為文化帝國主義者，對那些尋求援助與建議的國家強力移植教育模式，這些模式可能相當不適合，而且亦難以於實際上應用。現今的技術專家（不管是國際機構的成員或雙邊方案合約下的人員）與過去的傳教士、殖民官員不同的是，現今的顧問很少在任何國家中停留足夠長的時間，以示對所推動的計畫成敗負責。以相當粗糙的文化帝國主義為基礎的教育發展，經常含括相當生硬的文化借用，這無疑地仍包含

許多非預期與不想要的結果；由於技術支援經常未考慮地主國的「立國精神」，所以施行結果經常是成敗參半。這些考量，無疑的影響拉丁美洲國家對「依賴」理論與日俱增的爭議，這些考量與新殖民主義所造成的威脅，致使來自歐洲與北美大規模的借用並不爲某些國家的知識份子接受，這些國家稱之爲第三世界。

五、霍穆斯對文化借用的建議

　　霍穆斯指出，比較教育學者應自問選擇性文化借用儘管歷史悠久，但理論上是否具正當性？在實際上是否可行？若答案是肯定的，那些之所以促動政府接受國外革新的觀點、行爲背後意涵的價值系統更是當下相當迫切需要了解的部分。霍穆斯便是基於這樣的原因而主張比較教育學者主要的研究任務便是建立有用的理念型模式，以助於分析文化衝擊，從這種理念型模式中可以發現何者能借用，何者不能接收；如果如薩德勒所主張的——教育制度能否移植全決定於是否能接納隱含其中的立國精神或時代精神，那麼比較教育學者有必要了解地主國提出的革新方案背後的意涵；基於此，便需要技術與模式來了解提供技術支援者及當地搭擋的心態，亦需要適當的規範類型用以衡量革新的成果與在教育上的價值，並在已知的情境下預測政策的成果。誠如哈立斯所言，若我們打算進行教育計畫，則需要有預測價值的理論，教育發展計畫的成功與否端賴精細的技術與模式來描述當地的需要與環境條件，進而形成通則（generalization）以便據以預測。

第二章
霍穆斯對科學方法及教育計畫
的立論

一、教育計畫興起的時代背景

　　自一九四五年開始出現兩股贊成改革的聲浪，國際宣言、國家的憲法與立法、會議建言、政黨政見等均宣揚一個信念：教育是基本人權，政府應提供教育以回應家長、孩童、年輕人的意願與期望。這項目標無疑地鼓舞了一九四五年之後的改革者；世界各地的政治家均相信學校是經濟成長、社會正義及政治現代化重要的媒介。另外，一九七五年之後，教育計畫者大量出現，這些成員經常建議政府達成目標的方法，他們宣稱現今的計畫技術相當完善，因此所作的決策都是社會科學研究的成果，而不會陷入意識形態的窠臼。受到這兩股風潮的影響，受教人數因而於一九四五年後劇增。

　　霍氏對這些宣稱持相當保留的態度！霍穆斯指出，這些宣稱一方面建議擴充教育以回應消費者的需求，同時另一方面又主張教育屬於基本人權，會增加社會的經濟與政治利益，但卻未明確呈現這兩種相當不同的政策目標彼此間的相容性；他建議這種期

望的效度應視國家環境而定，特別應著重各級各類政府及社會上壓力團體的建議。太多由計畫者提出、由決策者採用的決定被視為萬靈丹，事實上尚有許多政策可供選擇，而這些替代方案通常與教育目標無多大相關；因此，視教育為基本人權的政策與實務可能（但非絕然）相當不同於那些以提升經濟成長為目標的政策；計畫者經常粉飾或忽略政治化的政策或具意識形態的決策。

霍穆斯認為持教育擴張政策的工業國家，具有某種共同特徵與獨特的國家特色。過去曾淪為殖民地的國家，不管貧富，教育擴張的政策方針與實務走向都由政府決定，但他們所接受的往往不是西歐模式，便是共產或美國模式。當時的雙邊技術支援方案，由於支援國相當在意本身的慷慨付出所能相對獲得的政治回饋，以至於導致支援國間的競爭而非合作；支援方案所產生的政策，事實上是國際政治策略的共識以及專家們因循傳統的結果。

二、比較教育學者與實務工作者彼此應真誠合作

在這些大環境下，比較教育能發揮何種功能呢？霍穆斯認為這個問題的答案端賴比較教育實務工作者是否是國際組織、國家研究機構或大學系所的成員，不同類型組織的成員都承受不同程度的組織約束力。在國際組織工作的官員及研究者往往很難擺脫主權國家的代表所施予的政治壓力；國家的研究機構通常根據政治決策進行以我族為中心的研究；慈善基金會雖較不易屈服於政黨政治壓力，但是它們多根據既定的哲學與目標決定所要資助的研究計畫；大學院校則受限於財政條件，所能發揮的社會功能有限，同時它們在傳統上所擔負的義務也影響選擇的方向；霍氏主

張在不違反學術自由的情況下，大學院校可以致力於教育理論的理解及教育實務的改善。如果行政者與學者彼此能真誠的合作，則行政者對實務的考量及學者對理論的興趣可以互補，這種合作對比較教育科學是必要且相當有價值，而且可以提供哈立斯所希望的具預測力的一般理論，更可以如薩德勒與哈立斯所說的，覺察出地方需求的特殊性與偶發性，理解一國「立國精神」的獨特性 (Holmes, 1981:37)。

三、比較教育科學方法的演進史

霍穆斯曾對比較教育方法的演進史進行深入的探討。他指出，十九世紀中期科學方法的原則已然形成；從華偉爾 (William Whewell)《歸納科學的哲學》一書中，可知歸納法存在已久，基本上，歸納法的理論在文藝復興科學復甦的時期開始發展後，與比較方法的原則融合在一起。

有些評論家主張比較方法至少應回溯至柏拉圖，但霍穆斯認為他屬於文化借用者，其與後繼者所採用的方法並不適合比較教育。比較教育的歷史學家希爾格 (Franz Hilker) 堅持比較方法首先由自然科學家有系統的發展出來，還特別指出法國布豐 (George-Louis Lecleric de Buffon) 的著作；布豐是位生物學家，反對人為的分類系統，主張人類應該觀察與描述自然，在進一步細分及比較各種現象之前應先區分動物、植物、石頭，這樣它們最後才能在一般法則之下被置放在一起。這種論點相當近似培根的歸納法。

希爾格將歸納法證立為適合社會科學及比較教育的方法，他

發現孟德斯鳩 (Charles Louis de Montesquieu) 採用歸納的方法，從法則中歸納出一般原則。孟德斯鳩回法國前曾周遊普魯士、匈牙利、義大利、英國，觀察各國風土民情及憲法，在他三十一本不朽著作中將觀察所得分類為六部分：(1)法律及政體；(2)軍備與稅收；(3)風俗習慣及對天候的依賴度；(4)經濟事務；(5)宗教；(6)羅馬、法國及封建法規。孟德斯鳩是從他對法律及政治事務的觀點來審慎分類這些觀察資料。

被許多歷史學家視為比較教育理論之父的朱利安 (Marc Antoine Jullien de Paris) 所用的比較方法與孟德斯鳩有諸多相似之處，由於朱利安對比較教育的發展影響深遠，有必要根據科學方法的諸多論戰來檢視他的計畫。他方法的核心與對比較教育目的的操作性定義可見於《比較教育的基本觀點與計畫》一書，由於深獲認同而為許多學者引用；例如羅塞洛 (Pedro Rossello)、韓斯及費赫 (M. B. Lourenco-Filho) 均曾引用朱利安下列這段話 (Hans, 1958)：

> 教育，就如同其他科學一般，是基於事實與觀察，這些事實與觀察應置於分析表中，簡要的比較，以便推論出原則與明確的規則；教育應成為實證科學，擺脫狹隘的觀點、行政者獨斷的決策、盲目的因循及偏見。

朱利安對比較教育目標所下的定義與實證主義者的希望不謀而合，亦為採歸納法的學者所認同；當今許多比較教育學者亦持相同的論點，採用源自彌爾 (J. S. Mill)《邏輯體系》的歸納研究法。歸納法的基本特色是：(1)以客觀的觀察收集資料；(2)審慎的分類資料；(3)追溯每一事件的前因以尋求解釋；(4)形成暫時性假設；(5)收集更深入的明確實據；(6)提出具效度的普遍法則

（universal laws）。對於這派的實證科學及其在社會科學中的應用，曾有孔德（Auguste Comte）、聖西蒙（Claude Henri de Saint-Simon, 1760-1825）等多位學者進行探討。馬克思（Karl Marx）更將實證歸納法有效的應用至社會科學的研究上，他審慎並通盤的描述、分析資本主義社會的條件，從中歸納出一般的社會法則（social laws）。

　　值得注意的是，朱利安亦非毫無異議便被視為是奠定比較教育方法學原則的始祖。羅塞洛「發掘」朱利安，並成為忠實的支持者；之後，布萊克曼（W. Brickman）認為一八一七年出版的《比較教育的基本觀點與計畫》一書，早見於一八〇八年巴塞特（C. A. Basset）的論述中；谷日（H. Goetz）與弗萊瑟亦檢視了朱氏的計畫及「比較教育」的概念；自此以後，幾乎少有學者不認為朱利安是首位使用「比較教育」（éducation comparée）一詞之人（Holmes, 1981:40）。他所提出的比較教育方法、目的與目標的簡潔定義至今仍廣為接受。此外，在他的計畫中更是頗具遠見地主張，由國際間擔負收集資料的任務、設立訓練優秀教師的機構以及創辦傳播資訊的期刊。

　　朱利安也擬訂所應收集的事實資料及分類方式，在《比較教育的基本觀點與計畫》第二部分，他提出六個分類資訊的範疇：⑴基礎或初等教育；⑵中等與古典教育；⑶高等與科學教育；⑷師資訓練；⑸婦女教育；⑹教育及其與立法、社會常規的關係。朱利安並且設計了與每一個範疇有關的特定問題，以便據此提供事實性資料、對教育品質與成效給予評斷、意見。這些問題，包括學校的背景、數量、行政及入學條件。朱利安試圖了解如何符合不同宗教團體的需求、提供工業訓練的方式以及培訓教師的方式，這些作法大多是企圖找出正式學校制度與其他肩負教育任務

的社會機構彼此間合作的方式。

當今學者中,貝瑞岱(G. Z. Bereday)可能是朱氏論點最忠實的詮釋者,貝瑞岱在一九六四年出版的《教育中的比較方法》一書中相當完整的說明歸納法(正與布豐、孟德斯鳩及朱利安的比較方法學相契合)。不過霍穆斯認為,貝瑞岱對朱利安的比較方法所作的評斷有部分誤解。貝氏寫道:「朱利安強調,將描述性的教育資料進行分類,然後將所收集的資料加以比較,以便能夠移植某國最好的實務經驗」(Bereday, 1964:7)。這段話明確陳述了文化借用者的立場,但霍氏卻不認為適切的描述了朱利安本身的立場。霍穆斯指出,當朱氏建議比較教育學者的首要工作,是收集事實性資料時,其實胸懷不同目的,其中之一關涉他對比較方法的目的所持的遠見;事實上,朱利安希望透過教育的比較研究找出了解世界各國的方式,同時也希望能從比較研究中歸納出普遍的政策原則。換言之,建立教育的普遍模式並發現教育政策的普遍原則是比較教育實務工作者及比較教育學者努力不懈的夢想。

觀諸朱利安所提出的方法,顯映出科學方法的理論及對實證主義的信心,可說是那時代的佼佼者。再觀諸他明顯應用自然科學的方法到比較教育上,以便創建教育的實證科學,他正當化了後來的歷史哲學家、經濟學家及社會學家在比較教育領域的研究。不過,自從社會學家開始質疑原先由自然科學哲學家所提出,而為比較教育學者忽略的諸多關於實證主義的缺失後,比較教育學者因此開始較願意參與科學方法的論戰。

四、科學哲學的論戰對科學方法的影響

　　十九世紀的社會哲學家所抱持的樂觀主義，顯然是受牛頓物理學的成就所致。之所以充滿信心的相信人類會持續不變的進步，主要因為他們假定：只要採用科學方法，不但能發現千禧年（millennium）的本質，亦能發現社會邁向千禧年的一般法則。例如馬克思不僅預言，他的理想社會將會實現，還描述社會達致理想世界所必經的各個階段。其他社會哲學家較未確言千禧年的特徵，但均致力不懈於研究社會變遷及發現社會發展的法則，因為這能賦予人類控制社會環境的力量，就如同物理、化學、生物學等法則所賦予人類控制自然環境的力量一般。值得注意的是，那些預言千禧年的社會變遷理論家，並不同於那些以較審慎的態度，致力於分析變遷的特徵、變遷所引發問題的社會變遷理論家，二者應加以區分。

　　霍穆斯認為許多十九世紀的社會哲學科學家錯置了樂觀主義，相對論提出之後的科學觀提供了更有用的研究典範。到了十九世紀末，人們不再那麼相信社會會持續不斷的進步，不過仍然相信只要人類積極主動，便有控制命運的能力，並認為理性的人類能改善社會。此派的核心思想是，自然是法則的範圍，人類是法則的產物。華德（Lester F. Ward）曾寫道（Ward, 1898: 25）：

　　　　人類是法則的產物，但人類已達致了解法則的階段。現
　　今，正因為自然是嚴謹律則的範圍，而且正因為人類可以理

解律則，人類的命運因此掌握在自己手中。任何能為人類了解的法則，便能為人類所控制。人類雖無法增加或消減自然的力量，卻能引導自然力。

他又說：

　　……就目前人類已經發展的智識階段而言，自然就像陶土匠手中的黏土，既不好亦不壞，全憑人類捏造。而理性的人總是將它捏得更好，因為理性的人遵循世界改善論（meliorism）的信條，這是人類財產中永久的善，這可能將在人類對自然的知識中占有舉足輕重的地位。

　　霍穆斯指出，世界改善論並非意涵人類僅能從已知的未來中尋求改善之道。就這點而論，世界改善論並不等同於歷史主義，但二者均可以正當化一或多個因素（如科技或工業組織）間的因果關係分析，據以解釋特定社會制度中的變遷。歷史主義者宣稱這種分析所導出的法則，可以解釋社會制度轉換的過程，以及所有社會之所以都逐漸邁向千禧年的原因。他們堅信自然法則（natural laws）與社會法則具有普遍性，這個信念正當化了一項假定：所有的社會與教育制度最終均會走向相同的普遍模式。世界改善論就另一種角度而言是決定論的，其主張法則的應用範圍有限，但人類若能了解法則，人類便能控制自己的命運。

　　觀諸早期的比較教育先驅，他們對國家制度變遷的結果往往較對社會轉化過程的興趣為大，就這點而論，顯然他們是世界改善論者，他們就如同社會學家般體認到歷史研究對分析社會互動有相當的助益。事實上，如同一些社會學家將社會學視為歷史的擴充，有些比較教育先驅亦將比較教育視為教育史的延伸，而且

強調教育與其他諸如法律、經濟、政治等社會層面間的關係，這個論點導致學者對決定教育過程的因素進行因果關係的研究。

五、自然科學典範的革命對科學方法的衝擊

不過，自然科學界所發生的事件震撼了社會科學家。十九世紀末期，自然科學進步得如此迅速以致原本對科學家相當有幫助的牛頓物理學不再適用。電磁鐵現象、線性光譜及輻射熱力學使牛頓式的概念受到的挑戰與日俱增，特別是牛頓那些大氣現象的理論更是如此；麥可森（Michelson）與摩利（Morley）試圖測量地球在大氣層中的運行，這項重要實驗形成一個新的宇宙論與新的測量理論，質疑傳統牛頓物理學中質量、力等等概念的邏輯效度。理論物理學經過這樣徹底轉化後所發展出的科學新芽是著名的「相對論」，誠如丁格爾（Herbert Dingle）所寫道：「這並非一個小改變，或僅是物理學的新進展而已，相對論的影響非常徹底，維繫整個科學的基本定義與概念都隨之改變」（Dingle, 1941）。科學哲學家從此開始探討相對論的影響，但這個革命對許多社會科學家似乎並無多大影響；如果比較教育學者仍希望沿用類似物理科學界的方法，相對論所帶動的未來變遷實具基本的意涵。

基本上，實證主義與決定論對整個科學進展過程的論點受到挑戰，絕對測量的概念遭到質疑，導致對「絕對性」（absolute nature）與「一般法則的無條件效度」的懷疑，同時開始重新檢視「量化」原本在科學中所占的關鍵角色，因果理論與作為科學方法的歸納法亦因此遭致嚴重挑戰，受此影響，尋求因素的因果

關係也變得落伍了。觀察、理論、假設（hypothesis）被賦予新的角色，華德所主張的「自然是律則的範圍」、「人類是法則的產物」在相對論的意涵下已經難以站得住腳；據丁格爾的說法（Dingle, 1941:89）：

> 相對論在哲學上的重要性是對物理思想特徵的啓蒙……；在相對論未出現之前，物理學家可以扮演一位天眞的寫實主義者──事實上，許多物理學家有意無意間均如此。他可以相信他正在發現全世界事務的法則──這些法則與他本身思想無關，僅僅描述所發現的事物所具備的客觀特質（qualities）彼此間之關係，而這些法則僅能發現卻無法創造或破壞。如今這種態度是不可能的；事物所具有的「特質」均被視爲我們爲自己定義的概念，是我們選擇來作爲代表所有其他相類事物的基點（如長度），這種特質本身的功能是一種獨斷的量數，並任人支配；此外，這類所謂的客觀「特質」不僅是主觀的概念，亦被視爲與事物主體是分離的。

從另一角度來看，美國的實用主義者亦對古典物理學、歷史主義的概念持有相似的質疑；實用主義者將從達爾文主義得來的啓示轉向哲學思考，因而產生幾項意義重大的意涵。首先是多元實驗主義的概念，據韋納（P. P. Weiner）的解釋是「對物理、生物、心理學、語言學及社會問題等多樣議題採點滴式分析，這種分析方式拒斥單一的形上物理學法則」。其次，再引用韋納所述是實用的暫時主義（pragmatic temporalism），「對歷史與知識採取更實驗性的觀點，而不再著重發現社會變遷與科學的永恆發展法則」。在認識論中，我們對「意義」的解釋是具有情境脈絡或相對理論的；換言之，「一個命題的意義隨時空、語言或

社會心理學的出現條件不同而有所差異」。在倫理學中，「永恆以及絕無謬誤的規則已遭置換，改以情境脈絡、經驗驗證性的通則作為指引的方針，同時將所預測的結果與觀察得知的事實作一比較，再根據二者的異同進行修正」。在物理或社會科學中，同樣也揚棄機械決定論，轉而視法則為概率性或暫時性；事實上，這意味著否定物理或物理現象中「法則」的必要性或優越性地位，同時意涵著與古希臘哲人普達格拉斯（Protagoras）相似的論點：「人……是萬物的尺度，事物存不存在的標準」。人類肩上的重擔自此較以往更為沈重了，無法再像從前般認為只要獲取充足的知識就可以改善世界。

霍穆斯指出科學的相對論賦予科學家一個關鍵角色；他們選擇資料、形成假設與理論、將理論應用至實際並從中衍申出意涵；根據這些理論，人類縱然可能了解自然法則，但並不必然依照法則行動，他們的行動在特定情境下可以預測，但有時無法預測；如果人們有接受或拒絕任何觀點的自由，以及行所自認為當行的自由，那麼便無所謂長期不變的事件，馬克思及其他歷史主義者的決定論、命定論必須面臨徹底的修正，重新思考人類掌控自身命運的程度，以及改善社會的方法。

巴博（K. P. Popper）的「批判二元論」或「批判的約定主義」意涵著當人類有接受或拒絕社會價值觀的自由時，才會發現他可以靠本身形成假設或通則的能力以及操縱社會與自然周遭環境的能力，來掌控社會環境與物理環境。對於一連串由人為主導的事件，人類掌控能力有限。就杜威的觀點，人類僅能從部分解決的問題轉移至下一個問題；以巴博的理論來說，人類只有在能夠鑑別並操縱社會環境的所有層面時，才能夠十分確定從一般命題得來的預測結果，但這是幾乎不可能做到的。

相對論提出之後，對於預測科學的哲學觀點瀰漫一片實用之風，詳列整體的環境——亦即情境脈絡——因而迫切必要；以韋納的用語，自然法則（類推至社會法則）正是「情境脈絡、經驗性驗證的通則」；相似的主張亦見於丁格爾對自然法則客觀性的質疑；論及具預測力的理論或法則時，應強調的是用途（usefulness）的規準而非「真理」（truth）的極大化。

六、相對論提出之後的科學觀對比較教育方法學的意涵

霍穆斯強調應該在概念架構下，考量比較教育作為社會科學所扮演的角色；霍氏贊同紐拉斯（Otto Neurath）的論點：「作為社會科學家，無論本身所持的立場或起點，我們需預期無所不在的歧見、漏洞，以及論證時的不可預測性、不完美性與片面性」（Holmes, 1981:46）。所以，行政者不應期待計畫者所提供的方案能完全解決本身所遭遇的問題；如果任何政策成功與否是根據目標達致的程度來判斷，那麼各國政府及諸如聯合國教科文組織等機構的成員會很樂意知道達致特定的目標方式。然而，霍穆斯警告：無論本意如何良善，若試圖以普遍性的理論作為政策成功的基礎，則宜三思！這種企圖的危險性，在於未能警覺方法學上對社會萬靈丹的拒斥。

值得注意的是預測科學的成長端賴科學家發展有用的「一般假設」、「理論」及「法則」，這三個語詞間的區別不應過於強調（Holmes, 1981:46）；也就是說，它們是預測未來事件時所需的命題，至少就功能而論它們是相似的，就形成的過程而言也無多大差異；但在理論上，除非理論經過審慎的分析，而且能列出

關涉預測的起始條件（initial conditions）或情境脈絡的命題，否則理論不應用來預測事件；基於此，不能過分強調「一般假設」、「理論」及「法則」這三個語詞間的差異，這在物理科學上的應用就如同在社會科學領域一樣普遍。事實上，由於科學家疏於考量有意義的條件，致使無論在所預測的事件（predicted events）與觀察而得的事件之間、或在理論與影響條件之間均呈矛盾現象；麥克森、摩利的實驗、釷元素對鎢元素所釋放的電子所形成的影響等等均是可資佐證的例子。

　　這對比較教育學者的意涵，就如哈立斯、薩德勒的體悟：為進行預測而採用任何理論之前，有必要儘可能的詳細分析特定起始條件或獨特的國家情境。有些理論或問題理應指引分析本身；早由十九世紀先驅倡導，現今仍廣被接受的論點是：教育影響整個文化類型，而在影響的過程中亦被潛移默化地影響了。實際上，每位比較教育學者接受或自創分類學來分析國家制度，多數學者同意分類為政治、經濟及社會層面；方法學上相當重要的是將這些範疇進一步細分成易於處理的要素，並發展為分類模式。

　　觀諸方法學的這個目標，社會科學處於兩項不利地位；首先，即使可能，也相當難以詳列所有與預測事件相關的條件或將預測的事件付諸實驗；換言之，難以在嚴謹控制的條件下驗證預測的過程。其次，社會科學中缺乏公認的測量標準；換言之，評量的規準難達一致性；之所以難以如自然科學的規準般為人普遍接受的原因是過於偏重情緒、道德、意識形態等的相關實據上，反而忽略感覺印象（sense impressions）（如物理科學的里程數）在社會科學上的意義。

　　面對這些難題，比較教育學者有責任決定怎麼樣的預測是有可能進行的、對於所做的預測如何加以證實或予以駁斥；例如以

「幸福」、「具社會成熟度」或是「民主」這些語詞來預測某種教育活動的結果並不明智，除非這些語詞經過主觀獨斷的定義或曾通過公認測量程序的定義。在許多部落社會中，個體完成啓蒙儀式意味他已具「社會成熟度」；又如在較複雜的社會中，年齡這個同樣獨斷的量數被用以決定個體是否有投票權，但眾所周知在這些複雜社會中「成熟」的規準並不易建立，年齡並非測量成熟度的明確規準。

從一些比較教育學者所提出的研究計畫，可提醒我們採用政策性解決方案之前應持審慎態度。社會科學家所能做的並非提供某一特定的解決方案，而是根據已知結果提供多種備選方案，即使是這樣，也還不能確定所提出的政策會成功；許多條件與考量往往影響決策的制定，而這些條件與考量經常是政治性考量或基於權宜之計。

從新科學觀點可以發現，解決方案的成功與否端賴於將該國的起始條件納入考量，這表示採用任何政策之前，應對該國（或地區、當地）進行徹底的分析與描述。

爲達到這個要求，比較教育學者必須尋求諸如人種學、社會學、政治經濟學、社會心理學等許多相類科學的輔助；這種作法將導引更深入的研究，因爲如果教育計畫的技術要將現代科學理論納入考量，環顧目前已有而且適合的個案研究，它們的廣度與深度並不適用；如果真的要進行預測，那麼預測應是試驗性的 (tentative) 更爲可靠、更具信度的預測需要獲取文化地區與主權國家更細部的調查，同時應對尋求政策解決方案的教育問題進行更審慎的分析。

面臨現今實際的問題時，基本上學者與行政者的興趣是一致的；以教育機會均等爲例，在歐洲，一個廣爲接受的解決方案是

設立普通中學，所有來自特殊地理區域的青少年均可不計學術成就入學就讀，不過政策的細節則各國不同。發展中國家關注的問題之一則為初等教育；亞、非國家中亦面臨這個類似問題，解決方法之一是提供普及或大眾初等學校制度；如前所述，這項變通的政策或許是不智的，但之所以被接受乃基於一項假定：「基礎教育」或「基本教育」適合所有未開發國家的需要。同時，有些國家正經歷第二次工業革命，而有些國家卻正邁入第一次工業革命，不過，與技職教育體制有關的政策往往有忽視這個事實的傾向，所設計的解決方案均強調以教育來促進民主社會；自一九四五年起，許多論壇均憂心忡忡的鼓吹民主、灌輸人類愛好和平的思想，令人失望的是這些議題即使到現在還是少有能成功解決的。

　　不過，霍穆斯認為不應將這些失敗歸咎於行政者與政治家，無論在國際、國家及地區層級中，他們必須在相當複雜的情境下行動，結果往往非當初所預期的。基礎教育實行結果的價值與適用性相當有限，霍穆斯指出，錯誤的原因有二：一為光憑想像，無視情境脈絡；再者，將社會實驗或前導性研究誤視為普遍適用的萬靈丹，卻忽略累積的實據。

　　因此，霍穆斯主張行政者需要一個比較教育科學以供擘畫；當前比較教育領域中少有人能宣稱確實有這麼一種科學存在，如果要有令人滿意的發展，不可忽視理論基礎、適當的研究模式與技術，及比較教育科學所能發揮的社會功能。霍穆斯對比較教育科學所做的分析是衍申自巴博的假設演繹法，而比較教育學者所能發揮的功能應根據巴博對解釋 (explanation)、預測、驗證 (testing) 三者的區分，霍穆斯更進一步從巴博的區分將比較教育分類為「理論（或通則）」社會科學以及「應用」社會科學

（Holmes, 1981:49）；大體而言，此一區分端賴比較教育學者扮演「理論科學家」時，形成政策、驗證政策以便消除最不可能成功的方案時所能做到的程度，及作爲「應用科學家」時，接受政策、建議政府付諸實行的益處、告知特定政策的施行成果（好或壞）時所能做到的程度。

七、假設演繹法對比較教育的意涵

諾貝爾獎得主米德瓦（Peter Medawar）推崇巴博在描述科學研究的假設演繹法要素時所扮演的先鋒性角色；在《科學思想中的歸納與直觀》一書中，米德瓦指出（Medawar, 1969）：「假設演繹法對科學家的研究過程作了合理的考量，特色是將非邏輯形成的假設透過實驗置於批判之下，採用邏輯與經驗性驗證，將觀察、經驗所得的事實與信念的邏輯結果作一比較，若從命題中邏輯預測的事件確實發生，則對假設的信心增強，否則便需要放棄假設」。

彌爾視假設演繹的科學方法爲歸納法淺陋的替代品，認爲假設演繹法只有發展至能爲歸納法所用的程度時，才適用於社會科學研究。這種論點不爲巴博所同意，他批判彌爾的歸納法在進行解釋時未將特定起始條件納入考量；對巴博而言，「對某一特定事件作因果解釋，意味著從兩種前提中演繹出描述此事件的命題：一種爲普遍法則，再者是我們或可稱爲特定起始條件的單稱命題（singular statement）或特定命題」（Popper, 1957）。具體言之，未能考量這些起始條件（或社會情境脈絡），對未來的教育將易流於無條件限制的預言，而這並不爲有條件限制的科

學預測所接受；政黨政客可能偏好無條件限制的預言，但是誠實的行政者卻需要有條件性的科學預測。

　　歸納法與假設演繹法之別實具意涵；就前者而言，驗證的目的在根據前因提供因果解釋，或顯示過去與現在的關聯，驗證過程對計畫者的價值乃基於幾項假定：首先，教育有發展趨勢存在；再者，這些發展趨勢是無條件限制的（或絕對的）；三者，趨勢是由普遍或絕對法則所掌控（功能性命題是經過相當徹底驗證以至於等同於普遍法則）。就後者而言，驗證是從一特定的情境脈絡中演繹出成果，並將該成果與經驗結果作一比較，這種驗證過程所基於的假定是：無絕對趨勢存在，亦無掌控趨勢的絕對發展法則；並相信人類能在種種行動方式中抉擇，而自我抉擇後，或勝或敗，則自行負責。巴博亦宣稱自然科學與社會科學中有一致的方法，不過他「希望區分科學與假科學……」，並總結說：「判定一個理論的科學地位，所用的規準是可否證性、或可駁斥性、或可驗證性」（Popper, 1963:3）；他常說一位科學家的責任不在形成假設時的審慎，而在驗證假設時進行嚴謹的駁斥。對於巴博堅持科學家應儘量駁斥一般性命題，孔恩（Thomas S. Kuhn）提出辯解：多數的科學家在他們毫不質疑的典範下進行研究，並以常識性方式應用典範中的理論與假設；只有當典範未能符合實驗驗證的過程時科學家才會開始提出質疑，之後再拒絕運用該典範，或在一定範圍的脈絡下保留部分有用的典範；科學史便在科學革命與常態科學期不斷交錯發生的範例中逐漸茁壯（Kuhn, 1962）。

　　另外，霍穆斯並不認為巴博與孔恩二人論點的歧異如某些名家所言般毫無妥協餘地；不過，自從人種方法學學者採用孔恩的主張後，二人論點的差異便顯得很重要。若採用巴博對預測、解

釋、驗證三者間的區分來分類科學活動，那麼「常態」科學家與工程師接受一般性命題以及起始條件的命題以便能發現、應用新訊息，他們期望將本身的臆測付諸實際檢證（verification），而不著重發現新通則（解釋），或挑戰既存通則（驗證）。在自然科學中，實驗性驗證（experimental testing）在道德上可獲接受，在理論上定義良好，在實際上亦是可行；然而，在社會科學中，實驗既有道德上的責任，在實際上社會科學家亦需擔負不同於自然科學家的義務。在自然科學中，透過駁斥實驗實據可以消除不滿意的假設，而且自然科學家形成可否證性假設的方式並不重要；社會科學在缺乏決定性的實驗驗證下，形成社會科學假設的過程便成為研究的重要特徵。

解釋、預測、驗證間的區分支持一項主張：科學家應試圖正確通盤的否證或駁斥一項一般性命題。不管是為了解釋、預測或驗證的目的，假設演繹的程序均相同，而事實上結果亦非相當不同；若預測某一特定事件，事實上也是在進行解釋並驗證一個一般性命題；當所預測的事件經確實的觀察而獲證實，那麼一個理論或假設同時獲得檢證，當預測與觀察的事件不符，則予以駁斥。

這三種活動間的差異端賴研究者的重點；如果研究者著重發現一個一般性命題與起始條件以便從中演繹出一已知的成果（預測），那他是在尋求一個解釋；若一般性命題（法則）與起始條件（情境脈絡）已知，且研究者企圖從中演繹出新資訊，則他的興趣在預測；若法則（一般性命題）與起始條件遭致質疑，且研究者將演繹出來的成果（預測）與經驗作一比較，則這個命題正在接受驗證，這便是歸納法與假設演繹法之間的關鍵差異所在。一特定事件在假設演繹法的體系中進行解釋時，描述該事件的命題必須衍申自兩種前提———一項普遍法則與特定起始條件的命

題；換言之，一般性命題具情境效度（contingent validity），問題、解決問題的方案、所預測的結果均應在情境脈絡下進行檢視。

八、「理論科學」的比較教育與「應用科學」的比較教育

假設演繹法的必要條件滿足比較教育對具預測力的一般理論（假設）以及對描述國家或地方環境（特定起始條件）的需求。教育法規與國家政策的原則應視為能置於批判之下的假設性解決方案，而對國家教育及相關的政治、經濟、社會層面等基礎架構進行系統性描述則符應了巴博假設演繹法中的特定起始條件。比較教育學者應將提出的政策置於批判性的檢驗中，這樣做的目的除了消除那些無法在特定國家中運作的政策，還可以顯示採用某政策的結果，或說明政策成功施行的方式；解釋、預測、驗證間的區分因此幫助比較教育學者在扮演「理論」科學家與「應用」科學家時，能將本身的社會功能定義得更為精確。

這些研究功能通常在計畫程序與政策制定過程中接受檢驗。「計畫」一詞所涵蓋的活動範圍頗有爭議，有些定義未將政策形成、政策採用、政策施行這三個政策過程納入計畫中，霍氏認為並不妥當，例如計畫的活動有時受限於定義，僅能成為為未來行動預作決策的過程；他主張在計畫活動中納入顧問（advisers）的角色，讓他們參與決策的採用與執行過程。因此，霍穆斯假定細部社會工程或計畫是未來導向的，除了包含政策形成、採用、執行三個過程外，亦包括解釋、預測及驗證。

誠如比較教育學者所希望的，由於審慎的問題分析因而發現

新穎的政策（形成新假設），或因此而更能適切的描述問題發生的國家情境與所採用的解決方法，這樣的結果使他們涉入了決定未來行動的計畫程序之中。這種計畫程序符應假設演繹法中的解釋，但因為實驗性驗證消除了無用的假設或政策，所以程序中又另外涵蓋非屬自然科學的特徵。形成政策是「理論」比較教育學者的任務，必須提出決策，以便在執行時能達致既定目標；如果所提出的決定或政策是科學而非假科學的，那麼應以能接受驗證或駁斥的方式陳述，這意指這些決策應以功能性命題或社會學法則（sociological laws）的形式陳述。多數計畫者經常忽略問題分析是這些程序中額外但卻是關鍵的重點，霍穆斯在其問題解決方法論中，將問題分析納為核心特徵。

實際上，教育政策的形成往往缺乏問題分析，也未能如朱利安所期望的衍申自審慎觀察與分類的資料。世界各國的政策命題充塞著國際意向（希望、期望），國家的政策經常來自政黨的政治主張；因此，有些國家的政策必須競求為人接受，政策採用的過程通常高度政治化，並不重視政策是否有意識形態色彩，或是否經過計畫程序而形成。面對獲經採用的政策，比較教育學者可以發揮兩項功能：首先，在國家環境已知的條件下，預測政策付諸實際時的結果；其次，嘗試建議達致既定政策目標最好的方法，這是比較教育學者最可能被要求發揮的一項功能。無論哪項功能，一般性命題與起始條件的命題均為已知，比較教育學者藉由提供有助於政策成功的額外資訊來履行作為「應用」科學家的責任。

霍穆斯指出比較教育學者很少公開獲邀去鑑別主權國家的政黨所提出的政策備選方案，也甚少鑑定同樣機構或者幾個國際機構所提的各種替代方案間的差異。比較教育學者扮演理論科學家

最受歡迎的任務，應是將政策置於批判檢驗之下，加以鑒別，企圖消除最不具效用的政策；驗證政策時，研究者不應假定本身對國家情境脈絡的了解，已經充分到能夠滿懷信心的預測政策備選方案的成果。比較教育學者應盡可能完整、精確地描述該國立國精神、制度與自然環境，然後，如果可以的話，為了進行實驗性的驗證，他應預測各種備選政策的成果，同時將預測成果與事件作一比較，以便拒絕未通過驗證的政策。這項批判的功能相當重要，也反映巴博所主張——科學家的責任在於本身是否有意願設計能駁斥科學命題的驗證程序；霍氏指出我們無法在教育中履行這項任務，一方面因為我們不能控制情境條件，再者也因為教育政策往往需多年以後才能從觀察所得的事件中看見成果；不過，如果能找到適切的描述方式，那麼國家特徵的穩定性與各國的獨特性確實能幫助我們對一群諸如政治家、教師、家長、學生等同質團體的反應進行某種程度的預測。若這群同質團體能夠預測，則某些教育政策的成果亦能預測，只要能夠鑒別特徵的異同，那麼某國過去的經驗也可以幫助比較教育學者了解另一國家稍後採用相似政策時未來可能產生的轉變；當然，兩個國家的成果會有些不同，但許多實據顯示比較教育研究能避免有害的政策、消除最不可能成功的政策。霍穆斯認為問題解決方法論與假設演繹法結合後，由於引進批判的要素至計畫程序中，因此對改善教育計畫助益良多。

　　誠如霍穆斯所言，比較教育學者一旦視批判政策為本身所應發揮的社會功能時，便不應期望會受到政府、國際機構的歡迎或受邀提供建言。政府偏好那些能支持政策的研究，國際性機構很少放棄政治性決議的政策；這些因素不應成為比較教育學者的阻礙，而放棄持批判的態度扮演「理論」科學家與「應用」科學

家，霍穆斯強調這兩種角色的區分既不始於所研究的問題種類，亦非源於所持的立場，而是來自於我們對一般性政策命題及政策施行的國家情境特徵所抱持的興趣。作為「理論」科學家，應試圖對經過審慎分析的問題形成備選政策，並消除那些在特定國家中較不會成功的政策。作為「應用」科學家，則應盡其所能的幫助決策者執行政策、預期政策成果，並告知付諸實際時可能產生的問題。

在我們的物理世界中，「理論」物理學家、化學家、生物學家與常態工程師之間思想的連結在於實驗性驗證。在社會科學中，政治家與負責例行事務的行政者之間意識形態思想的連結可能在於比較研究──包括教育、比較教育，因此，建構一門科學方法學與教育科學有其必要性。

第三章
霍穆斯論實證主義之爭議

　　一九六〇年代有三本書將焦點關注於比較教育研究的爭議，並因此帶動比較教育研究的衝力；一本是霍穆斯本身的《教育中的問題》一書，於一九六五年問世，稍晚於貝瑞岱《教育中的比較方法》（1964），但較諾亞（Harold J. Noah）與艾克斯坦（Max A. Eckstein）合著的《邁向比較教育科學之路》（1969）早四年出版。貝瑞岱畢業於倫敦經濟學院，將歸納法明顯且精確的應用至比較教育研究上。諾亞與艾克斯坦雖拒絕歸納法的某些層面，但仍在他們的假設歸納法中保留歸納法的主要特徵。在《比較研究與教育決策》（1968）書中，金恩（Edmund J. King）在提出他本身相當折衷方法學時，批判霍穆斯的立場，但卻未在文獻中具體、徹底的探討貝瑞岱的歸納主義、假設歸納法以及實證主義的發展。

　　霍穆斯認為要評價這些創舉，應從戰前學者諸如康德爾、韓斯、許耐德（Friedrich Schneider）所發展的方法來著手，這三位戰前學者對戰後比較教育的發展具有舉足輕重的影響力。韓斯在倫敦同羅威士一起工作，並激勵了新一代的比較教育學者。康德爾的影響力始於哥倫比亞大學師範學院，進而廣布全美與世界各地。至於許耐德的影響力則可見於所有德國比較教育學者所從

事的實務工作。三位學者除了影響國家的發展風格外,他們在方法學上的假定也相當相似,足以作為衡量比較教育方法學的標準;他們收集資料、解釋國家制度,並根據文化傳統解釋箇中差異;資料的收集與解釋性研究是比較教育歷史發展的一部分。

一、從資料的分類與收集方式檢視實證主義 的發展

　　早期的報告雖然撰寫審慎,但對「比較科學」貢獻不大;朱利安所提出的分類範疇受到某種程度採用,但觀察與分類教育的事實資料時所潛藏的問題,即使在收集國家資訊的方式已獲改善之後,仍未獲得明顯關注。

　　不過,有些原則已經確立了,例如庫辛在報告普魯士的教育時,陳述所收集的資料種類,他一直遵循一定的收集路線——首先取得法律與規則的資料,而後使自己精通這些法規,最後以精確與細部的調查進行檢證;庫辛的觀察報告論及家長與社區的責任、教育與特殊教育(為殘障孩童設立的學校)的內容與監督。在祖國政府的要求下,庫辛觀察普魯士與荷蘭的初等學校與師資培訓,兩份報告均譯成英文(由奧斯汀與霍納主譯),成為早期最具水準的報告 (Holmes, 1981:58)。

　　身為首位美國教育首長,巴納德在《美國教育期刊》中公布各國法令條文、摘錄國外報告與期刊論文,以便收集不同國家發展的史料。他一開始就希望美國教育局能從事統計資料的收集工作,這項工作雖然早有一些州教育董事會著手進行,但美國教育局所收集的範圍是以國家為基礎,這項比較研究的任務本身相當有趣,不過巴納德也認知到要從幅員廣大的美國各州、各城完全

回收統計資料相當不容易。在他的繼任者伊頓（John Eaton）、達森（N. H. R. Dawson）的努力下，年度報告的分量漸增，統計資料也愈來愈豐富，包括薪資表、師生比、女性教師比例、每單位學生成本、全國教育總經費、就學率等均為統計資料的收集範圍。伊頓體認到如果要收集國際性的統計資料，術語的使用應有一致性，一旦達致這個要求，教育統計將促進教育實證科學的發展。

　　觀諸薩德勒與哈立斯所持的論點，意涵著拒絕實證主義、反對教育的普遍模式能從「事實」（facts）歸納出來。然而，在文化借用期之後，朱利安所提的必要條件經過重新包裝與進一步發展，例如薩德勒由於為比較教育加入一個明確的社會學層面而普獲肯定，這是因為他堅信只有研究學校制度與其他社會制度面的關係，才得以了解學校制度；這個觀點隨後廣為所有比較教育學者接受，意指分類系統必須考量教育的社經與政治架構，而學校制度本身已經成為進行比較性描述時的唯一層面。

　　薩德勒與哈立斯拒絕「文化借用」，因而更強調從比較研究中形成一般的政策原則，他們二人主張這些通則應具有預測價值。對具預測力的「原則」（principles）、「通則」（generalizations）及「法則」（laws）的追求亦隱約可見於十九世紀科學哲學家所提倡的方法；十八、十九世紀牛頓運動定律所作的成功預測讓自然科學家信心大增，持實證主義的社會科學家興起仿效之心，希望能找到研究方法以便據此形成社會發展的一般法則，他們認為如果社會發展有法則存在，那麼應該也有教育發展的法則！這個目標便被邏輯納入以歸納為基礎的研究法中。

　　從貝瑞岱的著作中顯然可見比較教育先驅的雄心抱負，當時比較教育先驅著重對教育制度的差異進行描述與解釋，同時企圖

在歸納法的脈絡下，發現能說明所有制度的一般原則，這種企圖心反映了戰後社會科學家的實證主義立場與彌爾所提倡的歸納法則。基本上，貝瑞岱在《教育中的比較方法》中主張資料應始於收集與分類，為達此目的，研究者需要具備語言技巧，並曾受過訓練，有能力不假外手直接觀察學校制度層面，具備這些素養後，便能客觀收集與分類經驗性資料。另外，在貝瑞岱與金恩的論戰中，貝氏宣稱我族中心主義對資料解釋的干擾遠甚於對資料客觀收集的干擾，他接受彌爾歸納法中以收集資料作為首要且關鍵的實驗步驟，並提出研究過程系統化的方式與進行的方式。

　　貝瑞岱致力於資料的收集正好完全合乎朱利安的研究計畫，朱利安認為只有設立適當的機構，才有可能實現收集國際性資料的目標，並建議設立國際委員會來收集、處理學校的相關資料。羅塞洛認為這項建議影響了國立機構與國際組織如雨後春筍般紛紛設立，諸如設於巴黎的教育博物館、位於華盛頓的美國教育局、薩德勒的倫敦辦公室等國家機構，以及日內瓦國際教育局（IBE）、巴黎的聯合國教科文組織等國際組織。霍穆斯承認這些機構確實收集了數量驚人的資訊，不過同時亦質疑政策的原則是否能從這種收集方式而得的「事實」資料中歸納形成；相反的，呈現國家教育制度面貌的規範模式決定了所應收集的「事實」；資料收集當然重要，但霍穆斯強調這並非研究的第一步驟。

　　霍氏主張資料收集應以明確的分類系統為基礎，一九六〇年代的諸多進展是由國際機構的學者與官員攜手合作而達致的；一九六三年，聯合國教科文組織位於漢堡的教育機構召開會議，會中工作小組提出教育制度、教育基礎架構、個別學校等相關資料的分類系統；希爾格在定義教育各個階段與層級方面居舉足輕重的地位，這些定義隨後被用來分類比較性資料。霍穆斯當時與羅

賓森（Saul Robinsohn）　合作提出名爲《比較教育中的相關資料》的報告，試圖建立教育資料分類的主要範疇，但在建立基礎性資料的範疇上卻較不成功。芬尼（Leo Ferning）在倫敦的一次演講中曾指出這份報告對聯合國教科文組織與日內瓦國際教育局收集國家制度的描述性資料有所貢獻。

　　聯合國教科文組織與國際教育局多年以來一直以系統的方式，致力收集國家教育制度的相關資訊；這兩個機構聯合出版的《教育辭書》，對教育語詞作了相當細部的分類，也因此以一種系統的方式定義了多數的教育層面。一個同樣大規模的分類學亦在羅威士的領導下爲聯合國教科文組織發展出來了，「教育分類的國際系統」（ISCED）鑑定了教育與非義務性成人教育每一階段的課程，這些課程乃根據範圍、形式等等來分類；這種分類方式的好處是即使有必要收集任何國家教育制度的相關資料，亦能勾勒出完整的資訊。霍穆斯特別指出在國際研究面向中，尚待努力的是改善統計資料的收集方式；爲了從統計中心獲取語意明確的資料，必須建立指標，指標建立所面臨的困難雖仍未完全解決，不過韓斯在一九三〇年代所遭遇的諸多難題近年來已被國際機構克服；如今，合理、可信的統計資料唾手可得。

　　除了國際機構所從事的描述性研究外，區域研究與個案研究在一九六〇年代漸增，多數是個案研究，而非基於明確分類制度的系統性區域研究；這些著作整體而言能增加我們對他國制度的知識，雖然有些叢書的編者花很多心血，試圖建立可爲個別作者所用的資料分類範疇，但卻不能爲了比較的目的而輕易採用。國家機構對本國教育制度或他國制度的報告經常是架構清楚而解釋不力，只是提供教育制度幾個主要層面的額外資訊來源。值得注意的是，區域與個案研究的數量激增並未能因此提供比較的基

礎，除非這些描述性研究事先有明確的問題為前導（個案研究），或是以定義良好的理念型模式為架構（區域研究），否則價值不大；基於此，分類系統有必要進一步的發展，以便一旦有此需要便能迅速完成教育資料的系統收集工作。

二、解釋性的實證研究

(一)貝瑞岱

　　霍穆斯指出比較教育先驅第二項主要目標是企圖了解教育制度並解釋箇中差異。這項目標亦見於貝瑞岱的方法中，他對解釋的論點與彌爾相差無幾，彌爾從客觀資料中歸納出關係假設，用以對事件進行解釋，對彌爾而言，要解釋單一事件或整體事件（事實），應將事件與前因相連結，也就是連結「前因」與「後果」。這種立場存在一個問題——假設中的關係是否可逆？在物理與化學中，有些可逆與最簡單的假設可以數學的形式列出：$y = mx + c$；社會關係不可能有可逆性，因此因果解釋或假設預設了一種因果模式或事件的歷史脈絡。貝瑞岱打算訴諸解釋性假設來詮釋教育資料，他的解釋性假設乃衍申自既有的社會科學，如經濟學、心理學、人種學、政治科學、歷史及哲學。

　　對貝瑞岱來說，一旦將國家教育制度的相關資訊加以併排以顯示箇中異同時，便開始了比較研究；這個程序顯然有賴於資料的分類以及從分類中所衍申出的比較性假設，這類假設顯示了比較的目的，貝瑞岱主張比較研究的最終目的在證實該假設。討論

至此，可以發現貝瑞岱並未提供量化的指標，而是遵循彌爾的論述，意涵異同法使用的方式。

　　不過貝瑞岱的論點較彌爾深入，貝瑞岱宣稱本身的整個分析過程受到康德爾、許耐德、尤利齊（Robert Ulich）、羅塞洛、羅威士的支持，他似乎接受彌爾最終的目標——發現一般、無條件性的社會發展法則。貝氏寫道：「在整個社會科學中，最後一個步驟跟『法則』或『類型學』的形成有關，法則或類型學能促進國際性的了解，亦有助於鑑定學校與學校的服務對象彼此間複雜的互動關係；這整體的分析就如字義上所言，處理的是維繫所有制度內在的綜合力量」（Bereday, 1964）。

　　霍穆斯不認為康德爾、韓斯相信透過審慎分類過的比較性資料，便有可能從中歸納出歷史與教育發展的通則；就巴博對歷史主義者的定義，這些比較教育先驅可能除了許耐德之外，沒有一位屬於歷史主義者；這項歷史主義傳統未見於英國的比較教育，但出現在蘇維埃學者的方法學假定上以及保加利亞學者的著作中。

　　不過，韓斯與康德爾對中程的解釋性假設有興趣，他們在彌爾式的架構下鑑定「因果」、「因素」或「決定因素」，所以二人均確切的假定：只要眾因素之一在任何情境出現，在其他各地均會引起同樣或相似的結果；例如在《教育新紀元》中，康德爾相信所有集權式教育制度都不民主；韓斯對解釋性假設最堅持的主張之一是有組織的宗教力量將妨礙全球學校制度的成長。這兩位先驅均從因素的角度將教育制度的研究概念化，同時都強調民族主義；例如韓斯宣稱「建立理想國的五項因素：(1)種族統一；(2)宗教統一；(3)語言統一；(4)國土統一；(5)政治主權」（Hans, 1958:9）；康德爾較未如韓斯般特別指明，他說：「民族主義因

此意指共同的語言、共同的風俗習慣及共同的文化」（Kandel,
1933）；二人對建設一個國家的因素均持相似的看法，並且都從
歸納因素的角度來描述國家教育制度的基礎架構，他們這部分的
立場為諾亞所採納。

(二)諾亞與艾克斯坦

　　諾亞與艾克斯坦仍遵循康德爾與韓斯的傳統，承繼作為實證
科學家所採行的「因素」研究取向；諾亞與艾克斯坦推崇貝瑞岱
的影響，但反對他所主張的研究應始於客觀的觀察與分類，反對
的理由是這種研究程序會導致資料的雜亂聚積並受先前假定所主
宰。由於他們試圖修正本身的方法學，因此相當倚重可漢（M. R.
Cohen）與納格爾（E. Nagel）在《邏輯與科學方法導論》一
書中的論述：「如果相信真理可以從『事實的研究』中發現，那
是相當膚淺的觀點」（Cohen & Nagel, 1947）。對這些作者而
言，一個要求解決方案的問題便是研究的契機，可漢與納格爾因
而開始探討如何利用抽樣技術，透過直觀、歸納法來建立普遍命
題，他們關心的重點之一是驗證前導假設的方式；雖放棄彌爾客
觀觀察的第一個必要條件，可漢與納格爾仍藉由彌爾的一致法
則、差異法則、異同法則、共變項、剩餘法則，來細述彌爾的實
驗研究法。彌爾設計這個方法的目的在建立遞增的通則之間恆常
的關係，並且發現現象之「因」；然而，可漢與納格爾認為彌爾
「宇宙由通則所主宰」的主張並不正確，由是觀之，二人並非歷
史主義者。他們發現如果能將前因解析成許多明確的形式，而且
對前因的著墨較後果多，則多因定律「似乎合理」。現代作法都
將「因」（cause）定義為自變項，「果」（effect）定義為依變

項，不然便是邏輯衍申自彌爾與諸如可漢、納格爾這類詮釋者所倡的研究法。

　　諾亞與艾克斯坦將假設歸納的研究法應用到比較教育研究上，但審慎的避免強調「因」或「果」，探討因果解釋時，也煞費苦心的強調「變項（variable）之間有高相關無論如何絕不意涵因果關係」。諾亞與艾克斯坦所立下的許多但書正好回應霍穆斯在多篇文章中所提的社會學法則，他們也同意霍氏對相關研究的見解，霍氏認為相關研究可以修正一項爭議：「如果可以相當明確的獲知政策某一層面未來走向的資訊，那麼便可對另一面向的政策進行預測」（Holmes, 1981:64）。不過，霍穆斯跟他們兩人的立場仍存有主要差異；諾亞與艾克斯坦對於共變數函數關係的探討有些部分雖持謹慎的態度，但還是應置於情境脈絡中，例如二人一方面含蓄的暗指命題可以結合「一個明確的因果關係公式」，而另一方面又宣稱「y隨x而變的確切過程可以仍不予以陳述」；霍穆斯指出這些堅持充滿悲觀，許多相關研究因為不了解影響的方向，或是因為函數命題的改變過程可逆而難有重大突破。基於此，諾亞與艾克斯坦原先的堅持便受到修正；若要進行預測，必須「根據前因推測當下，這樣至少對前因所歸納出的當下提供一種解釋方式」，達致這個要求，那建立共變數才有實際價值。

　　諾亞與艾克斯坦也建議以概念名稱（如變項）代替制度名稱（如國家），這項主張與韓斯、康德爾論點近似；例如在《比較教育的相關方法》一書，諾亞宣稱：「比較研究基本上是儘可能以概念名稱（變項）取代制度名稱（國家）」。一旦能做到這樣，驗證變項間的假設性相關時，便可以儘量將所能收集到的制度（國家）列入，取其中兩個變項，以統計的方式測量結果，而

不須再如從前一般，不斷的改變自變項、再觀察依變項之後的改變；不過，諾亞並未明示函數命題除了起始瀏覽之外的形成方式，或許這個過程近似於歷史分析派比較教育學者所主張的直觀、研究洞察力。若說這些早期先驅及他們現今的信徒都不屬於歷史主義者，那麼這兩代團體至少有決定論者；總之，承繼歷史分析派比較教育學者的是帶有社會科學家身分的比較教育學者，這些學者中有些採納了早期先驅的許多假定。

(三)二次戰前與戰後兩代比較教育學者研究取向上的差異

霍穆斯指出這兩代實證主義者所存在的一項主要差異並不在研究意圖上，而在他們所採用的驗證程序上；二者均力圖發現國家學校制度間「剩餘因素」（residual cause）的差異，歷史主義者研究歷史文件來尋找事件的「前因」，新生代則量化程序、設計自變項對依變項、跑回歸分析，希望建立變項間的線性關係。社會科學家所發展的技術與社會科學中任何導論書籍所提到的研究方法，均被新一代實證主義者應用至比較教育研究上；這些技術包括資料的操作、篩選與收集、抽樣程序、測量、彌爾實驗性驗證假設的方法、以共變數形式為結論的報告大量出現在這類比較研究中，同時成為經濟合作與發展組織（OECD）的經濟學者在從事教育經濟學比較研究時的主流，國際成就評量（IEA）所發表的教育成就研究便是個顯例。

第二項主要差異在變項或因素的形式，這在解釋制度的箇中差異時相當重要。韓斯式的因素——語言、種族、宗教、地理領土、意識形態——實根植於一個國家的歷史宏流中，對韓斯而言，這些因素的影響力是透過人際間概念的傳遞來運作的。新一代比

較教育學者採用較直接的因素以便解釋差異，社會階級地位、家庭背景、教育投資層面、教學法、學校的組織方式等等都是這些學者關注的變項。變項的選擇部分決定在變項本身量化的難易度，可以操作與測量的變項往往能夠吸引那些希望進行實驗性研究的比較教育學者，他們亦將變項概念化，以便能夠略過個體的理念直接檢視變項的影響力；這些直接變項被那些新生代學者視為客觀的，並能在相關研究中檢視變項互動的方式，例如社會階級可運用人口統計資料來操作，並加以量化，而且社會階級與教育的關係（也可以操作和量化）均可在所謂的實驗研究中檢視。

三、實證架構下的歸納法、比較式驗證

霍穆斯指出諾亞與艾克斯坦的驗證方式受到一項宣稱所支持，這個宣稱指出社會科學的比較方法近似自然科學的實驗驗證，是一種令人滿意的替代方式。不過，社會科學實驗面臨著相當大的技術性困難，道德的異議更經常是阻止對人或對社群進行實驗的決定因素；因此，以彌爾歸納法則為基礎的比較驗證應加以檢視。

這類比較研究所證實的一般性命題（以關係命題的形式陳述）在邏輯上並不合理，因為這種比較研究主張，任何一個受到驗證的國家（引伸至其他任何國家），其中一個變項的變化增加時將導致另一個變項的變化亦增加；邏輯上要獲得合理的解釋所必須作的修正是假定這些一般性命題具有普遍效度（亦即無視情境脈絡），並假定社會事件是由那些社會科學家所操縱的因素所決定，這些修正是關鍵所在；霍穆斯認為，用這類驗證來合理化

決策的計畫者必定是位實證主義者與決定論者。

　　霍穆斯宣稱諾亞與艾克斯坦及其他採彌爾歸納論點的研究者所作的努力值得敬佩但卻是錯誤的，他說：「比較教育研究仍有待努力，因爲現今研究被視爲對立，而非互補的；進步確實有賴於研究的多樣性」。研究結果的用途很重要；根據比較資料所畫出的回歸分析圖充其量只是證實一個特定的政策計畫（懷有某些目標）並非完全無意義，許多政策是透過意識形態的粉飾來顯示正當性，並不需要高水準、昂貴的實驗研究來說服行政者相信所提出的政策有意義。以一九六○年代所發生的危機爲例，當時的比較性驗證輕忽本身的邏輯性，便說服那些身負政策形成、採用的行政者相信一般性命題已經經過徹底、科學的驗證，但事實卻不然，因爲那些技術基本上是假定一般性命題可以無視於政策施行的情境脈絡而普遍有效；換言之，實證主義假定普遍的通則能從分類過的資料中歸納出來，這類例子並不視當時情境而定（亦即不考量國情），正與巴博科學研究中的假設演繹法反其道而行。

　　霍穆斯補充說道，雖然現今實證主義的技術較前述例證所言精細成熟，但他對比較式的回歸分析驗證仍持相當保留的態度。霍氏的第一項批判是這種技術忽略概念分析應優於變項的操作，又誤認爲語意明確、有意義的指標可以透過跨國哲學分析加以定義與操作，然後再將指標用來作爲國際通用的衡量標準。這種假定站不住腳，以「社會階級」的意義爲例，若接受馬克思對「社會階級」的解釋，那我們同時亦需接受「資本主義社會一定會發生階級衝突」此一概念，一旦社會階級是根據戶口謄本上的職業位階來定義，我們便無須擔負這種責任，階級隱含的意義事實上是價值的尺度；換言之，不同的意識形態賦予語詞特殊的意義，

若乍從單一意識形態立場觀之，似乎會顯得相當明確。

第二項批判是關於諾亞與艾克斯坦所倡的「初始瀏覽」（initial browsing），這項主張未能滿足霍穆斯所主張的必要條件，他認為一個有用的研究首先應對一個技術問題進行鑑定與分析；當然，社會科學的假設或許是夢中靈光乍現的結果，不過由於不能作實驗驗證，因此更應該審慎檢視假設形成的方式和假設所採用的理論基礎。

第三項批判是諾亞與艾克斯坦的假設歸納法幾乎完全忽略一國教育制度的「立國精神」，他們以變項代替國家制度時，並未同時在變項中賦予立國精神明確的地位；假設歸納法在評估政策成果時遺漏了特定起始條件，這項缺憾隨著假設歸納法的應用，也發生在教育的科學研究上。

實際上，計畫者傾向建議政府採用萬靈丹作為巨型問題的普遍解決方案；他們試圖發現失敗、低成就、經濟緩慢成長、政治不穩定的剩餘「因素」，然後擺脫掉這些負面因素，同時又企圖提升成功的「因素」，一旦成功，全世界教育的太平盛世就來臨了。多數的政策並未如朱利安所期望的歸納自事實、觀察，反而大部分衍申自意識形態、希望、期待，亦即衍申自少數人所認為「應然」（what ought to be the case）的教育模式。

四、有別於實證研究的人種方法學

谷德納（Gouldner）對西方傳統社會學有兩項批判，一項是社會學的方法，另一項則為社會學洞察力的用途與研究發現的用途。霍氏認為巴博早在多年前已於《開放社會及其敵人》（*Open*

Society and Its Enemies）一書中提出近似谷德納的批判，英美兩國的社會學者多為法蘭克福學派的成員，使現象學、人種方法學蔚為一時風尚。

據前述探討，霍穆斯反實證主義的立場應該是相當明確的，他在比較教育研究的立論屬於相對論之後自然科學哲學的假定以及實用主義（pragmatism）的假定；不過，霍穆斯的立場遭致誤解，他在《教育中的問題》一書中的宣稱：「任何社會都存有因果的情境，建立社會學法則可以了解因果運作的情況」（Holmes, 1965）。又說：「就是這種關於社會學法則的研究建構了教育科學，或稱之為教育的科學研究」。諾亞跟艾克斯坦在《邁向比較教育科學之路》一書中挑戰霍氏這項信念；金恩亦在多篇文章以及《比較研究與教育決策》一書中以另一種方式挑戰霍氏的論點，金恩宣稱本身對巴博某些立場所作的詮釋已獲巴博本人同意。霍穆斯並不否認金恩投注相當心力研究巴博所論的「趨勢」（trends）與「情境邏輯」（logic of the situation），並且同意他這方面的解釋；不過，霍穆斯認為金恩僅僅根據他對「社會學法則」的解釋便將之歸類為決定論者有失公允。

在經濟學者、心理學者、社會學者的影響下，相關研究在一九六〇年代初期達到高峰。六〇年代末期，和經濟合作與發展組織有關的教育研究與革新中心（CERI）設立，為比較研究類型注入新動力，這些比較研究種類包括《世界教育年鑑》一直致力提倡的課程、師資培育、羅賓森與同事在柏林研究機構所從事的其他教育層面、達洛夫（Urban Dahloff）在瑞典耶特堡（Goteburg）的研究、法蘭克福的國際教育研究機構以及其他無數的研究中心等；另外，日內瓦國際教育局針對個別國家從事一系列的革新研究，有助於充實教育研究與革新中心的全球革新研

究。除了這些跨國研究與個案研究，數以千計建構模式的文章、對革新與發展進行徹底探討的研究均出現於文獻中；經濟合作與發展組織本身則從事國家教育政策的審慎、批判性研究，這項工作顯然打算將遭到政策批判的國家它們所具備的情境脈絡加以考量。

　　有些比較教育學者開始對胡塞爾（E. Husserl）、史齊士（A. Schutz）、葛芬柯（H. Garfinkel）、哈伯瑪斯（J. Habermas）、博蒂（P. Bourdieu）等反實證論者所提出的疑問產生興趣。例如金恩對生態學與情境邏輯的重視，進而付諸實際研究，與曼迪（Jennifer Mundy）、穆爾（Christine Moor）合著《西歐的後期義務教育》一書，在書中金恩描述這項研究的進展過程時，建議研究者應融入「研究對象」的生活，和他們打成一片，這種方式逐漸成為研究的特徵。

　　馬霖森偏好採行參與性研究，他在獲取「民族性」知識的主張上有逐漸朝向參與式人種方法學的傾向。馬霖森指出：「運用方法學來了解社會並非意指要檢視少數菁英既有的概念，而是應該融入市井小民社會世界」。霍穆斯質疑他的這項主張，懷疑這種作法運用在兩個國家以上的研究時是否可行；審視日常生活中常識性世界的結構確實有助於了解「概念」與「概念所在的社會情境脈絡」之間的關係，就這點而論，參與性研究的論點有它的價值存在，不過卻和霍穆斯所持的研究立論相左。霍氏主張研究憲法、宣言、立法、哲學的目的在建立理念型模式，這對人類的動機與行為著墨並不多，而參與性研究的價值卻端賴於能夠洞察深植人心的信念與行為背後的原因。

　　對霍穆斯而言，若要以參與性研究作為研究比較教育的方法，它整個的意涵尚不明確，頂多是似乎對從文件式實據、驗證

結果之中歸納而得的通則提供實驗性檢驗其用途與效度的方式（並從中進行預測）。顯然研究者應親自訪察他國以觀察後續結果，這類訪察不應是貝瑞岱一直要我們相信的──為收集資料所需的先決條件，而應該是驗證假定的方式。社會學家假定參與者正在創造本身的社會世界，並根據這項假定發展收集資料的技術以進行比較研究，這種研究的可行性值得懷疑；現象學、人種方法學若要取代實證主義、精神測定學、社會計量的技術，其可行性不無可議之處，所以徹底的從實證主義、歸納法轉移至現象學與人種方法學（雖然這種變動已為時勢所趨）既無必要也毫無用處。

第四章
霍穆斯對資料收集與分類的考量

　　資料收集在研究中的角色是科學本質、科學方法論戰中的主要議題，重新探討應從「前因」或應從「所預測的事件」的角度進行解釋，並且重新反省自然法則和社會法則是具有普遍效度或僅為暫時、偶發的。無論採取怎樣的立場，霍穆斯指出系統的收集與分類資料是科學方法的要素之一；身為比較教育學者，如果要了解國家制度並加以比較，必須掌握教育制度與制度所在的社會脈絡的資訊。

　　朱利安所建立的學校制度分類基模，經過修正後流傳至今。韓斯根據自然因素、宗教因素、世俗因素三個主要範疇來選擇與分類社會基礎架構的相關資訊，再加入細目以求精細後被引進比較教育。近來，由於聯合國教科文組織的教育研究機構、聯合國教科文組織的巴黎分支機構、日內瓦國際教育局、巴黎經濟合作與發展組織的努力，已使所發展的分類學更為成熟。

一、資料的來源與形式

㈠文件

　　身爲比較教育學者，霍穆斯認爲不可忽視資料的來源與實據的形式。來源之一是文件，其中多數屬於教育法律文件，這類文件受到相當的重視，例如庫辛寫道：「我一直遵循一條研究路線，首先獲取法律條文，充分了解完全精通後，接著進行精確、細部的考察以便檢證這些法律條文」（Holmes, 1981:89）；又如巴納德對法令細節的收集，在比較教育研究上雖然呈現相當的歷史取向，不過他在《美國教育期刊》中摘錄國外報告、議題、法令與期刊論文的細節等等，讓讀者理解當今最熱門的議題；事實上，這些開創性的報告大多描繪法令、宣言、律法等等。

㈡國外參訪、考核報告

　　霍穆斯指出，個人赴國外參訪觀察頗受重視，目的在考核法令所能付諸實際運作的程度。觀察所得的報告可作一定程度的檢驗，但觀察者的訪視與獨特經驗卻無法複製而爲他人沿用。收集教育工藝品到博物館中，重建部分景象或許是一個吸引觀察者注意的可行方式，諸如書本、寫字板、椅子、黑板、測量工具、藤鞭、教科書及書寫用品等可以提醒我們學校的硬體設備。爲了在法國設立教育局與博物館，佛利（Jules Ferry）採用畢森（Ferdinand Buisson）的論證，畢森延續朱利安的觀點，主張教育為一門實證科學，並指出有必要設置機構來展示教育器具、用品等等諸如此類的收藏，這類收集愈多愈好；一八七九年，教育博物館（Musee Pedagogique）成立。

㈢統計

第三種比較教育學者經常用到的資料是統計。統計長久以來遭致諸多質疑，美國教育局首先開始收集全國教育制度的統計資料；巴納德察覺到美國的城市並無共通性，不過在巴納德及他的繼任者領導之下，美國教育局的統計資料遽增，其中一任教育局長伊頓似乎相信教育科學應建基在統計之上；然而，安諾德卻主張統計資料並未提高比較性判斷的精確度，他指出收集統計資料的機制並非各國都有，也同時體認到如果要收集可比較性資料，有必要建立一個公定且廣為接受的規準；哈立斯與薩德勒也持有同樣的質疑，哈立斯寫道：「比較統計僅僅趨近正確，除了不確實的地方記錄外，還存在許多障礙，某國所用的術語並未能在另一個國家中找到完全同義的語詞」（Holmes, 1981:90）；薩德勒補充一個更重要的警告，指出絕對有必要根據每個國家的價值系統來解釋統計資料，他寫道：「某國投資『初等教育』，企圖獲取成果，在另一國家可能被視為反動而招致反對」（Sadler, 1902）。總之，根據統計所作的比較研究，它的效度端視各國國情而定，亦即每個國家的統計資料是否足以作為該國制度、實務、理念的可比較性效標。這方面的努力確有進展，不過統計資料在比較性論證、解釋性研究或跨國研究的測量方面的信度仍待增強。

二、收集國家學校制度相關資料的必要條件

　　如果要收集國家教育制度與學校的可比較性資料，霍穆斯主張需要一些必要條件；必要條件之一是分類資料的指標，與選擇、跨國意義有關；第二組必要條件是資料來源的形式，用來獲取描述性資料；第三組必要條件是組織資料的「模式」，用來篩選資料以便放到一個或其他主要分類範疇中；最後，收集資料的方法應符合特定的規準。

　　聯合國教科文組織亦曾採取相似作法，於一九六三年邀請一群專家在漢堡的教育機構舉行會議，討論比較教育相關資料的收集與分類工作；社會學者、心理學者及政治科學家受邀與比較教育學者共同研討一些理論性議題，諸如設計一套方法以便鑑定與分類情境脈絡的資料、構畫分類的類型學促使比較教育的政策研究能更趨嚴謹。

　　為了在教育制度的整體社會脈絡中構畫出一個完整的教育制度輪廓，霍穆斯主張應該對主要社會類型所含括的所有要素進行完整的分析與描述。社會學家、政治科學家、心理學家及經濟學家所關心的主題顯然是這類敘述組成的要素，如果這類資料要成為比較教育研究的一部分，便需要用到社會科學家收集資料的模式；實際上絕對不可能對形成一個教育制度基礎體系的所有機構進行完整的描述，那麼，資料該怎麼篩選？其中一個答案是或許可以從所有社會科學資料中選擇較基礎性的資料，這樣對制度便可進行令人滿意的描述；就某種意義來說，某些特定的制度跟政策分析有關，這項假定應再加上另一項假定，亦即研究的目的

——就問題解決方法論而言是「問題」本身——這兩項假定會建議研究者所應選取的相關資訊，以及每一個相關資訊的相對重要性。

　　一旦比較教育學者鑑定出本身的研究問題，社會科學家便應幫助比較教育學者描述社會情境脈絡的相關特質；社會學家發展能夠描述社會階級與小型機構的模式；政治科學家收集研究教育控制機制的相關資料；經濟學者詳述工商企業機構的諸多細節；而心理學家則發展並描述了種種與個體幸福相關的機構。收集教育制度的各個社會架構面的資料時，這些已有的大量資料讓收集工作相對的比較容易。建構收集教育資料的分類學時，對於組成要素的一些一般性問題需仔細考量，例如實際選擇與系統分類資料顯然是我們的願望，但是有可能構畫一個分類學以用來分類全球每一個教育制度的描述性資料嗎？霍穆斯認為是有其可能性；不過，指引研究者至「這類」而非「那類」資料的研究問題是否已經具有充分的普遍性，以至於可讓比較教育學者採用相同的分類基模研究所有的國家？例如工業化國家面臨的問題與其他諸如低收入國家的問題相當不同，那麼需要根據世界上主要地區發展不同的分類學嗎？霍穆斯試圖建立一個普遍適用的分類學，不但有助於收集特定國家的資訊，也符合全球問題分析的必要條件；特定國家的資料並不難獲得，只有當這些資料符合前述的一般分類學之必要條件時，才能在跨國的比較研究中發揮作用。

三、普遍指標的建立

　　霍穆斯指出當今學校制度的主要面向大多數模仿歐洲的原

型，因此可以作一些合理的假定，包括：所有制度均須接受管理與財政支援；教育有不同層級，每一層級分別有不同形式的學校；教育內容的安排是為了課程的一致性；特定教學法受到採用；學習成果是由某種形式的考試或評鑑系統來測驗；紀律必須維持；教師受過某種形式的訓練。

霍穆斯認為上述的每一個要素都可以經由先前概念化而成為制度的一部分。要對制度的每一層面依次敘述則有賴於將諸如行政、課程、考試等特定指標加以概念化；模式有助於概念化的過程，以課程為例，便可從目標、目的、技巧、知識、評鑑方式的角度來描述；一個行政制度可假定包含互動的正式組織，模式亦可用來促進概念化，進而描述任何制度的其他特質。

若這些範疇的資料要進行比較，選擇資料的指標必須建基在跨文化意義明確的術語上，如果諸如「中等學校」（secondary school）、「高等教育」（higher education）或「社會階級」（social class）等與教育制度相關的關鍵術語能夠明確定義，那麼翻譯成不同語言時意義便會相當清楚，而且所定義的術語即使在不同國家也有相同特徵，那時比較上的困難便隨之消失；事實上，純就術語學的層次來說，幾乎沒有任何教育關鍵詞語可以用這種明確不含糊的方式定義出來。

以德國漢堡的報告為例，雖是以英文撰寫，但也不容易對美國用來指稱特定學校類型的「高中」（high school）一詞賦予一個明確的跨文化意義；另外，「國立中學」（lycee）在法國有特殊意義，也很難翻譯；「文法中學」（Gymnasium）、「國民中學」（Hauptschule）、「實科中學」（Realschule）、「專門學校」（Fachschule）等等語詞即使每一個在德國均代表一個著名的制度，也還是面臨同樣難譯的情況；面對這些困難，可以

做的是發現並使用一些非特屬某國制度的語詞。

　　資料的地位端賴資料公開的程度以及可爲他人模仿沿用的程度；如果要比較資料，非常重要的一點是應該讓資料便於取得，因此，大體上公共文件是描述性資料最可靠的來源；憲法、法律、法令、規章及顧問團體的建議都是教育制度的主要資料來源，這類文件通常提供規範命題，但也可能詳述學校制度特徵，這類公共文件多屬於法定權力且鋪設制度間的關係。

　　不過，霍穆斯認爲現今國際文件缺乏權威性，因此國家憲法之類的文件是制度的描述性資料中比較明顯的來源；因爲憲法若非模仿的便是基於周延的理論，所以其中的一些特徵可以比較；例如多數的憲法敍述三個政府制度——立法、司法、行政，也鋪設這些制度間的關係，若仔細研究美國與印度的憲法，便可發現兩國制度的細節呈現種種差異。

　　霍穆斯建議也可以從掌有立法條文通過權的省或地方性機構獲取相似的資料，但這些機構所賦予制度或個人的法定權力因國別不同而有相當的差異；例如美國各州掌控學校制度的多數立法權；法國地方當局則無權立法，中央政府透過法令規章掌有相當多的管理權。

　　霍氏強調在構畫這些可比較性資料的來源時，術語相當重要；術語的問題並非僅靠數字呈現便可解決的，只有當一個指標被賦予語義明確的跨國意義時，才有可能收集到可比較的統計資料；例如除非「中等教育」有個普遍可接受的定義，否則無法計算全世界就讀中等學校的學生數；這些年來，建立中性術語的努力已獲致一些成功，爲了比較性描述目的而致力改善術語，爲收集統計資料而努力建立指標，這些努力已使原本模稜兩可的缺失大爲降低。

四、資料選擇的規準

　　十九世紀的比較教育先驅致力於設立國家性的機構來收集國內外教育資料並提高資料的普遍性；日內瓦的國際教育局可能是第一個收集並散布全球資料的國際機構，之後聯合國教科文組織與經濟合作與發展組織也加入這個收集教育資料的陣營，每一機構各有本身相當不同的目的；一個主要的非政府機構是國際教育成就協會（International Educational Achievement Association），該機構創建一個含括社會制度相關資訊的教育資料銀行。

　　描述性資料的選擇端賴收集者的意圖與興趣，如果不可能有完整毫不含糊的描述存在，那麼便應建立規準以便選擇最有用途的國家教育制度資料，這個選擇的規準長久以來一直為比較教育學者所爭議不休；國際教育局也參與這些討論，並和比較教育領域的專家共同發展分類的原則與模式；聯合國教科文組織在羅威士的協助下建立一個「教育分類的國際系統」（Holmes, 1981: 95），用來輔助支援國際教育局所發展的「全球教育制度指南」，國際教育局這項任務的目的在促使和學校制度有關的精確資訊能以電信電傳的形式方便取得，如此一來對教育部長、行政人員及教師將有很大的助益；另外，這項任務第二個目標是希望能對發生在國家制度之中的變遷過程進行分析。

五、資料分類的原則

　　霍穆斯指出分類的其中一項原則是每個分類範疇的資料應與主要的選擇規準相關，範疇之下的細目應根據邏輯相關的指標將篩選出的資料放在一起，每個範疇與各個細目中的資料應相互獨立（不同範疇內的資料彼此間的關係可作為特殊研究的主題）。資料的一般性應由指標決定，指標愈一般性，資料收集的範圍愈大，細目內的資料應根據邏輯相關的規準來進行選擇。教育目標與目的的特殊性各國不同，需要多方深入研究來發現憲法、法律及其他國家文件中所列示的教育目標；不過，由於國家文件與哲學理論往往是教育目標的根源，只要審慎分析這些文件與理論，便有可能根據一般的假定性目標來跟國家目標進行比較。至於資料的第二個主要範疇，這個範疇收納制度的描述性資料；國家政策所顯示的目標會依次轉換至制度中，正式組織之所以設立的原因是期望人們可以藉由制度的運作實現希望與願景；如果目標的命題是規範性的，則可對組織、組織的成員、組織運作以及互動的方式進行描述性陳述。霍穆斯指出若能在國家政府與行政系統的架構下來描述教育法條，便可以依據所獲取的資訊進行政策的形成、採用、執行三個過程的分析與描述，這三個過程串連了所有學校制度層面的目標與實務，對這三個過程進行綜合分析的條件是必須描述國家、省、地方的主要組織以及這些組織所發揮的功能。總之，資料分類在國家側寫中的意涵是對既定目標與目標實際運作的方法之間作了重要的區分。

第五章
霍穆斯對建構模式的考量
——以西歐、北美、蘇聯模式爲例

　　霍穆斯認爲如果要對政策（假設）形成、採用、施行的過程進行分析與比較，有必要建立模式，因此投注相當心力在本身的方法論中置入理念型模式（理論模式）；問題解決方法論中的理論模式筆者會在第八章加以探討，本章擬分析霍穆斯爲了建構模式所作的諸多考量。

　　霍氏指出使用理念型模式雖遭致現象學者諸如胡塞爾、史齊士等人所批評，然而若不訴諸理念型模式，很難了解韋伯（Max Weber）與當代比較教育學者所面臨的技術性困難。根據韋伯所言，世界上任何觀點都局限於觀察者的觀點而呈現有限、片面及條件限制性，爲降低主觀性並使繁多複雜的資料呈現意義，韋伯主張建立理念型，如果理念型要發揮作用，必須能加以複製爲他人沿用，也就是說理念型的資料來源需爲人所知並能公開接受調查。韋伯主張邏輯、理性或「理念型」的構念（constructs）能被用來檢驗結構與社會關係。

　　對理念型模式最嚴厲的抨擊或許是關於它們的用途方面，這類批判認爲理念型模式的危險在可能會輕易將個體定型，視所有個體均具有相同的人格特質與行爲特徵；例如一些象徵反猶太主義與種族主義的輕蔑語詞如猶太佬、「黑鬼」及其他少數民族均

源於刻板印象。現象學者對理念型的第二項批判是往往將現實
（reality）化約為無法接受之簡單抽象的原則。如果假定理念型
符應現實，而且從理念型中能精確衍申出某族群的成員所具備的
性格特質與行為，那麼現象學者的這些批評就很有分量；不過，
霍穆斯再三強調並不打算如此運用理念型模式，也不打算假定理
念型模式能符應個體與族群行為的複雜事實（Holmes, 1981:
112）；但他堅信理念型模式在分析與了解某特定社會上絕不會
毫無用處；另一方面，他亦堅信如果要比較相當複雜的情況、分
析特定的問題，特別是比較不同社會的目標、期望、願景、個體
與組織性族群的態度時，理念型模式有其必要；簡言之，理念型
模式簡化了民族性的某些要素，但不必然會刻板化一個民族國家
公民的行為。

　　霍穆斯指出模式的選擇不應流於獨斷，一個模式的價值關涉
該模式能否促進問題分析、檢驗解決方案、增加對立國精神的了
解等。就實用的層面與歷史的角度，霍穆斯認為當今有三種模式
在教育界中相互競爭，一種本身帶有國家變數，衍申自古希臘，
最佳的範例是柏拉圖的《理想國》；第二種模式衍申自美國實用
主義者，霍氏以杜威作為北美模式的來源；第三種主要構念關涉
蘇聯的一些假定與爭議，霍氏選擇馬克思與恩格斯的《共產宣
言》作為蘇聯「純理念型模式」的來源（Holmes, 1981:131）。

一、西歐模式

㈠柏拉圖《理想國》概述

柏拉圖在《理想國》一書中的重點是描述「理想的社會」，並於全書最後提供一個規範命題的一致類型，該類型描述社會所應具備的特徵、人類分級的方式與對待的方式、獲取知識的方式等，支持柏氏計畫的論證是邏輯性的而非經驗性，這些論證可與詭辯學派的理論（以普達哥拉斯為代表）、唯物主義的理論（德模克拉特斯為早期代言人）相互對照。霍穆斯認為，對作者與文獻作獨斷的選擇應是難免的，選擇的理由應著重於模式的用途而非為了符應現實；易言之，模式的設計首重比較，能對歐美各國那些影響學校制度頗為深遠的社會論、人性論、知識論假定加以比較。

以社會變遷的概念為例，並以柏拉圖與杜威的觀點為對照，柏拉圖假定完美的社會是個公義的社會，而這個公義的社會是一個最能接近一個先驗理想（transcendent ideal）的社會，社會變遷是墮落或社會腐化的過程。由於柏拉圖的主要興趣在社會的政治面，他認為在一人掌理、少數人管理、多數人治理這三種形式的政府中，君主政體最接近公義社會的理想；任何社會中的變遷都使社會較不完美，所以任何一個多數人治理的政府（民主政體）在取代一個由智慧型領袖所領導的政府後，將更易毀滅；既然柏拉圖視變遷是一種邁向毀滅的過程，我們可以簡要的檢視柏

拉圖如何試圖建構完美社會的理念型模式。

首先，柏拉圖主張理想的社會應是穩定的，最好是靜態的或至少是一個儘可能不變的社會，這種社會對政治活動最典型的保守反應是政府應運用權力來阻止所有政治變遷，任何新趨勢都屬於顛覆活動，應予以反對，只有維持現狀才能確保公義。

公義社會應具功能性；既然柏拉圖的概念主要屬於政治方面，那麼在公義社會中應有統治者與被統治者。就這項觀點，社會中應有兩個主要階級：統治階級與勞工；前者可再細分為真正的領導者（園丁）與屬下的戰士；不管能否為人接受，這個廣義的分類一直是為歐洲的政治分析所用；當然，柏拉圖關心的是領導者的教育，為領導而受教育仍然是許多歐洲教育學者的一項重要目標。

相對地，勞工的訓練又是另一回事，不但目標不同，地位亦衍申自個體原有的階級；柏拉圖對勞工的興趣不大，因此對訓練勞工的方式著墨不多，不過，在他的理念型模式中，教育與訓練無庸置疑地與社會的階級結構功能相關：教育乃提供給領導者與下屬；訓練則提供給負有特定經濟任務的勞動者。

在這種社會中，階級結構的穩定性很重要，統治者應管理，勞動者應工作；領導者可能選自那些屬下，僅有非常少數的例外是選自那些勞工。社會與政治的流動性並非良好政府應有的情況，經濟模式是每一個體僅負責一項專門的工作，木匠限定製作家具，鞋匠製鞋，每個人應做本身最適合做的工作；不過，勞動者轉換工作並不會造成多大傷害，最大的傷害莫過於將不適任的勞工提升至領導階級；一般而言，在完美社會中，每一階級的成員各安其事而不干涉他人之事，藉由上層階級成員的擴增，中、低階層的人應體認本身有不同的角色需扮演；若能依本身能力、

階級從事適任的工作，互不干涉另一階級成員的活動，社會將因此而受益。

　　這個社會論乃基於功能說，但並非所有功能都同等重要，在某些人占據特權地位、行高階任務，而其他人地位卑下、行枝節工作的社會，如何稱之為公義？柏拉圖的回答是：社會的不均等乃個體間自然差異的結果；男、女本就不同，而男性間的不平等僅為一個事實，有些男性有能力成為領導者而其他不能；本來就不平等的人不應硬要視為平等，柏拉圖認為這樣只會導致不公平。這項堅決的主張不應模糊當今的一些爭議，包括菁英主義與「積極性」差別待遇，或資優兒童的選擇性教育與殘障兒童的特殊教育；重點是在這個保守的理念型模式中，社會不均的理論在邏輯上與個別差異的心理學理論相契合。

　　在柏拉圖對社會的描述中，這些差異是與生俱來的；聰明的父母生出聰明的小孩，領袖之子亦具領袖的潛質；柏拉圖相當服膺天生能力說，因此在建構理想社會時，為避免混淆領袖者高貴的血統與工人低下的血緣，主張應審慎安排婚姻以保持領導人血統的純正。如果認為這種觀點太異想天開，以至於不適用於今日，想想希特勒納粹德國所信奉的教條，再想想全球人民對異族通婚根深蒂固的偏見便不足為怪。柏拉圖希望監控血統以預防人類產生任何的墮落或腐敗，因為人性的改變一定會引發意料之外的社會變遷；血統混雜後所產生的新一代領導者將無法智慧、公正的統理國家，工人也許不再如天生般適合作卑微的任務。

　　柏拉圖個別差異的理論見於一個類比中，就如同貴金屬、金、銀一般，人亦天生各有屬性；領袖素質由那些天生承繼金、銀屬性的人所擁有，勞工身上則流著青銅與鐵的血液，幫助他們表現天生職能的技巧。探討人類心靈的心理學時，柏拉圖區分成三部

分：理性、活力與動物本能，每部分都符應柏拉圖所指稱的三個階級成員——領導者、戰士、工人——所應擁有的素質；這是一種心理學理論，見於斯皮曼（C. E. Spearman, 1863-1945）的二因論，亦見於桑代克（E. L. Thorndike）與後繼者所提出的官能心理學中。

柏拉圖認為社會穩定性端賴統治階級成員是否認知到內部一致性應予以保持，為了產生團結感，統治階級應自視為大家庭中的成員，小心不與本身階級之外者通婚。統治階級彼此間不應相互競爭，財產、女子、孩童應共有，教育應為階級統治的工具；為了防止統治階級瓦解，禁止改變因此顯得必要，以便維持社會的安定。

㈡據柏拉圖《理想國》建構西歐模式

■ 教育目標

教育目標可從柏拉圖的理念型模式中推論而出；教育目標應提升推理能力或理性、應發展階級意識與團隊精神。既然領導者與部屬必須同時兼具強悍與斯文，他們的教育應發展這些性格特質，培養他們成為會參與競賽的基督教紳士，素質缺一不可。對柏拉圖而言，體育應能增進強悍，文藝教育則能提升文質，這兩個教育層面應取得平衡，才能產生適當的均衡氣質，有了均衡的氣質，統治者將不會太軟弱；另言之，統治者應擁有智慧的美德，同時創造適合戰士或部屬的美德；教育應保證這些美德是有益的，學校制度應用來選擇未來領袖並加以鍛鍊。

■ 領導者的素質

教育學者應該如何實現這些社會功能？要回答這個問題，應進一步檢視領導者所須具備的美德。智慧是不可或缺的，是良善的泉源，無論是智慧或良善均需由知識來啓發，缺乏知識事實上是道德錯誤之源，基於這樣的原因，領導者應擁有眞理或是追求眞理的博學者，只有哲學家才符合這個描述，因此柏拉圖理想國的統治者應是「哲學家國王」，只有這樣的人才能獲取理想政府的知識與管理政府的法律，而且，唯獨他了解一些基本人性，因此他有助於防止非預期性的改變並確切落實完美社會，有才幹的貴族是律法的制定者與公義社會的創建者。

■ 知識的獲取

至於知識，對柏拉圖與希臘思想家的一個主要問題是：在一個經驗不斷變動的世界中，什麼是可知的？在永無止息的經驗之流中，只能獲取永久性的知識；例如原子對唯物論者而言是永久的，對觀念論者而言，概念或本質是永久的。對這些哲學家而言，知識不是原子與原子運動，便是永恆的概念；柏拉圖指出，可知的概念屬於先驗的，但決定事物、植物、動物、人類及社會制度的本質；純粹的概念無法完全付諸實際，而且一旦事情產生改變，這些概念變得更不完美，知識便是永遠不變的純粹概念。

在特定的知識方面，一位哲學家所應接受的訓練包括理論數學、理論天文學、古典音樂以及最重要的一項能力──獲取知識的方法──也就是辯證法。一位眞正的哲學家或國王所接觸的面向有一部分「僅僅是透過辯證來理解的推理過程」，了解這種知識是運用純粹的推理，而其中運用最多的屬於智能與直觀的能

力。柏拉圖未在《理想國》或甚至《對話錄》中的〈齊埃特杜斯篇〉（Theaetetus）內明確闡釋這個獲取知識的方法，因為對柏拉圖來說，感覺印象是不可信賴的，主導人類行為與社會生活的知識就某方面而言是理性的。

霍穆斯認為將柏拉圖的理論作為理念型模式的要素，可以對歐洲教育制度的傳統、變遷、爭議有更深入的理解。霍氏進一步指出應體認這個理念型模式所存在的限制；當今某些社會學家聲稱這些模式不僅無效，運用起來也非常危險，霍穆斯對此特別澄清，理念型模式不應被視為可以提供現實的綜合圖象，亦不應被用來刻板化任何個體或群體的行為；一個理念型模式應與自然科學所採用的理論性典範相較，模式所提供的假定架構應能讓研究者可以常識性的方式從事研究。上述的歐洲理念型規範模式企圖凸顯「應然」的命題（Holmes, 1981:139）；以巴博的論點來說，規範命題幾乎一定會遭到挑戰，即使規範命題明載於正式的憲法或立法中，亦僅能代表某種有限度的共識，規範命題與人類行為之間屬於邏輯關係，但可進行經驗性驗證。

假使模式使用上有條件與限制，那麼「模式建基在篩選過的規範命題上」這項事實便不應成為批評焦點；例如採柏拉圖模式作為歐洲的理念型，這個模式顯然是從眾多觀點中加以選擇，大部分屬於無數資料來源中的一種；詮釋柏拉圖論點的文獻——無論是可敬或可議的——數量之多以至於容易誤導柏拉圖真正的意圖。霍穆斯強調，在構畫理念型模式時，既對作者的意圖毫無興趣，也對哲學家幾世紀以來爭論不休的意義差釐了無興趣，他關心的是將他所提出的問題解決方法論應用至比較教育時的必要條件詳列出來，一個衍申自柏拉圖《理想國》的歐洲理念型規範模式應該有助於：(1)分析問題；(2)描述與比較特定起始條件；(3)鑑

定保守的政策解決方案與備選的政策解決方案；(4)預期政策施行時將遭受的外在阻力（Holmes, 1981:140）。

證諸歷史，對柏拉圖假定的種種抨擊頗獲各界迴響；雖然民主制度廣受提倡，但柏拉圖的政治理論並未完全遭揚棄。絕對專制的君主政體固不爲人所喜，但由一群具才幹的貴族領導也並未完全遭致否定。法律之前人人平等被公認爲一種原則，全民普遍參政權被奉爲一種理想，但主張智識與能力差異的心理學理論仍獲青睞。總之，藉柏拉圖的模式可以分析不同時性的規範變遷。

不過，進行這類問題的分析時，應審慎鑑定變遷所在的情境脈絡；對傳統社會論、人性論、知識論的假定另尋他種替代方案代表著假設的形成，應檢視這些替代方案採用的程度、納入國家憲法或立法的成功率，因爲對某個規範的挑戰能否成功，可參考這類文件來加以判斷。

歐洲各國對柏拉圖理論所進行的挑戰，正反結果各國不同；在西歐，即使是民主政體的國家，對民主概念的詮釋亦不相同，某些國家直至最近仍然相信非正式領導有值得推崇與支持的價值；個別差異的概念仍百家爭鳴，知識論可以說幾乎各國一套。因此，霍穆斯進一步建議有必要分析柏拉圖理念型模式修正的方式，以便能在不同的歐洲國家中分析問題、評估政策未來的成功率。

二、北美模式

身爲比較教育學者，霍穆斯認爲杜威的著作是理念型模式相當有用的來源，他的著作提供了解決美國教育理論某些問題的線

索，任何歐洲人只要讀杜威的著作，便會發現傳統教育制度所存在的許多頗具爭議性的假定與理論。杜威直率地抨擊許多幾乎被神化的學者，此舉實令人為之一振；此外，他反映了進步主義的種種觀點，並提供一組有意義的假定來詮釋美國相當複雜的教育制度，特別是《思維術》（*How We Think*）一書，就如同柏拉圖《理想國》之於歐洲教育一般，構畫出一幅美國教育假定相當有用的圖象。

(一)杜威的個人論

在杜威的思想中，除了狹義的物理意義外，個體無法單獨存在，甚至在生物上，個體被視為是個持續與自然環境交互作用的有機體（organism）。「個性」（individuality）既非天生，亦非「自我完成（complete in itself），如同房中的櫥櫃或桌中的暗櫃般滿裝珠寶待世人取用般」；相反的，個性「在社會與道德感上是某種磨練過的東西」，或換言之，「在社交生活的影響下被創發出來的」（Dewey, 1925:155）。個體與社交不應被視為獨立的實體（entities）而相互敵對，因為二者缺一均難以單獨存在，因此，在不斷變遷的環境下，個性飾以新貌，藉此進一步形塑環境，個體反社會的概念（特別受盧梭闡揚）所關涉的不僅是個體切身相關的社會環境，還關涉自然，這樣的概念在十九世紀仍能適用。不過，二十世紀的個人主義需賦予新義，杜威在分析個人主義時寫道：「我們的問題衍申自社會環境，和人際關係有關，卻無關乎人類與物理環境的直接關係」（Dewey, 1930），換言之，杜威拒絕將個性本身視為獨立於這些社會環境之外。

因此，人類應為某種特定的社會而接受教育，杜威自己在二

十世紀所處的社會相當不同於美國歷史中殖民墾荒時期的社會，當然，早期的實用主義者是這世代交替之下的產物，這兩代的分水嶺是十九世紀最後十年。羅素（Bertrand Russell）曾說：「商業主義模糊了美國對眞理的熱愛，商業主義表現在哲學上便是實用主義；而我們對鄰國的情義也受到清敎徒道德感所束縛」。羅素這項宣稱遭致杜威強烈的挑戰，在彼此的論戰中，重點在區分實然（what is）的命題與應然的命題；雖然杜威在回應羅素時對開國先驅傑佛遜所勾勒的社會藍圖未置可否，但杜威察覺到在工業化與都市化的驅使下，傑佛遜所言的社會型態已大量消失。不管願不願意，變遷已經發生，也創造了新型態的社會，使過去的人居於新社會中發現自己無論在政治與經濟面都落伍了，舊有技術不再適用於這類新社會；若要改善工商生活型態中可憎的特質，必須發展新的個體性，不能再有那麼多的自我本位。由於這樣的環境爲個體製造問題，同時也造就個體，所以杜威相信個體必須能察覺周遭變遷的力量，如此才能與同儕共同操控事件，避免淪爲無助的羔羊。

(二)杜威的社會論

政治方面，杜威並非毫無保留的接受美國社會繼續以一百五十年前所制定的憲法爲立國根基；杜威贊同洛克式的政府理念——諸如最好的政府是干預個體日常活動最少的政府——因爲這樣的理念在現代環境下並未妨礙個體自由；政治上的自由主義發展至極致時，事實上並不能保護個體自由免於受到資本家的操控，也就是說，經濟力量所代表的權威意味著「對社會大衆而言，經濟自由若非不存在便是不確定」（Dewey, 1934）。

致力於民主共和形式的杜威並不視民主爲一組制度、政治形式與機制，亦不認爲民主是「最終目的與終極價値」，他視民主爲手段，透過民主的手段實現「人際網絡關係的目的」，並發展人類的個體性。民主是種生活方式，促成個體與他人合作的意願，杜威宣稱：「民主制度遠勝於一個政府的形式，基本上是一種社交生活的模式，一種共同溝通經驗的模式」（Dewey, 1916: 101）他不能接受集權政府加諸於個體的限制，企圖維持現狀注定失敗。變遷是生活不可抹滅的事實，旣然無法阻止變遷，教育的目標便要幫助個體應付變遷，這代表最革命性、最開闊的社會觀，支持了詹姆士的主張，杜威寫道：「一個開放宇宙的基本概念諸如不確定性、選擇、假設、新奇、可能性等仍是與詹姆士相關的自然化意志」（Holmes, 1981:147）。杜威這種觀點並不視變遷如柏拉圖所言的代表腐敗與失落；另一方面，進步亦非如百科全書學派所保證的那樣，而變遷也相當不同於社會達爾文主義所意指的代表機械式進步，可以確定的是變遷提供無數的機會，杜威這樣解釋變遷：「變遷代表新的可能性，顯示有新的目的須達致，亦預示了美好的未來」。不過同時，變遷至少意涵著三種密切相關的適應性難題；首先，變遷必然帶來或多或少必須面對的嚴重社會問題以待解決（若可能解決的話）；其次，當個體主動尋求去導引社會變遷而不任由變遷宰制時，社會控制的問題便浮上台面；第三，在解決問題的過程中，個體將會改變，而且應有改變的準備。

　　在任何社會中，無數的力量交互運作以帶動變遷，這些衝擊的方向與力量並無法均等分布於社會所有層面，因此便形成不同時性的變遷。杜威對於這類現象最常指證的是科學應用的變遷，他指出科學應用已出現在人類的物質環境中，但人類的信念、態

度、風俗習慣及社會制度卻未相對調適來符應變動不居的世界。

「計畫」（planning）企圖在穩定與變遷中找到平衡點，並調整權威與自由；杜威相信如果要施行社會計畫，重點是確保計畫能在最自由、充滿可能的智能競賽中進行；杜威雖未主動拒絕計畫，但也未接受「以集體計畫性經濟來達致社會控制」，他了解「全面計畫」充其量僅是一項不確定的運作，他寫道：「無論判斷、計畫、選擇進行得多徹底，無論行動執行得多審慎，絕不會是任何結果的唯一決定因素；相反與冷漠的自然力、不可預知的條件會介入，躍然成為決定性的因素」。解決之道端賴改變知識份子的素養；習慣經常決定人類的行動方式，杜威解釋：「當傳統與社會風俗融入個體，成為個體運作機制的一部分時，便掌握了個體信念與行動的方式」（Dewey, 1936）。在變遷的社會中，人類亦需隨之而變，鬆綁過去「謹守風俗與傳統的權威作為信念標準」，與這個解放有關的是「不斷檢視的意願，且能視需要來修正現今的信念，即使這修正的過程促使現有制度不得不變動、導致既有的趨勢轉向新目的，仍能勉力而行」（Holmes, 1981:147-48）。顯然人們並未察覺變遷以及變遷所代表的意涵──「若不能體認我們正處於變動不定的社會秩序中，進而將這種體認落實至學校中」，那麼一場革命即將發生。教育應培育個體能面對並預期問題；杜威建議：「一個國家在確實掌握問題起因之前，應習於從問題的角度以及補救的角度來思考，這樣的思考習慣即使不能成為眾人皆備的特徵，也將是公共生活的素養」。個體在解決問題、預期問題時，不能僅僅遵循一些外在權威，必須能在不同的行動方式之間擇一而行。個性中能幫助人們在問題情境中作選擇的素質稱之為「組織性智能」（organized intelligence），智能是衡量知識份子的指標，可以「有效連結舊

有習慣、風俗、制度、信念與新環境」，幫助個體或社群面對問題。

　　就如字義所示，智能並非天生，也非突然完全獲得的，而是如杜威所宣稱般：「智能處於一種持續組織的過程，智能的維持除了需要經常留心觀察的結果，還要有心胸開放的學習意志及不斷調適的勇氣」（Dewey, 1925:89）；除非智能具反省思考的特質，否則顯然不能定義為「履行任何工作的能力」。智能除了包括智識性的能力與觀察力，還要有某種特定的心態與個性，個體只有在具備特定的心態與個性的情況下，才能在行動中表現出智能。既然思想主導著任何智能活動，那麼智能行為若非智識性思考的結果，便是智識性思考的一部分，而後者的可能性似乎較高；當然，高智能反映著個體履行反省思考各個階段的能力與實踐的意願。

　　杜威認為智能的發展就如個體成長般有賴特定的環境條件，他指出：「基本的自由包括心靈的自由以及足以產生智能自由的任何程度之行動、經驗自由」。杜威對智能差異所持的態度與傑佛遜一致，認為平等並非心理學上的事實，反而是立法、政治、道德的概念，屬於民主意識形態的一部分。當然杜威的論證偏向機會均等，這不應被視為有「天賦平等」的意涵，杜威認為均等是靠立法來建立的，用以保護天資較差者免於在天賦較佳者的競爭下遭淘汰。

(三)杜威的知識論

　　換個角度來說，組織性智能與科學同義——不但帶動變遷，同時就如同智能般幫助個體擺脫習慣的禁錮；因此，透過科學的

運用，人際間的環境條件已產生革命性變化，同時科學亦成功的挑戰了宗教或神學行使社會權威的權利。杜威認為這種衝突不僅發生在理論面，尚產生於「兩個密切相關的力量」之間，亦即制度的力量與科學的力量；制度的力量一直至科學力量獲得承認之前仍為神學家所掌握，這些力量的拉鋸戰並非抑制個體的創新與智能，而是培養自由研究的精神；科學威信最大的進展在物理學領域，杜威希望科學方法能儘可能廣泛運用至人類事務上。

　　杜威強調，僅有某些特定的科學觀能提供組織性智能適當的研究工具，例如科學不應意指是獨斷主義的相互替代；他摘錄詹姆士的話以反對科學對自由的設限。在《哲學重建》一書中，杜威批判傳統科學，挑戰培根歸納法的細節，不過同意培根「知識即力量」的論述，並指出「知識即力量」並非一再複製已知知識的邏輯形式，而是對未知的探索，在「團隊研究組織」中合作研究。杜威本身主張科學的威信基於「團體活動、組織性合作」，這項陳述說明了杜威之所以認為科學是組織性智能的方法，亦是民主制度所倚賴的研究法。

　　顯然科學並非因組織性知識的形式而獲杜威重視，杜威著重的是適合科學研究的方法，若能正確運用科學方法，將能導出知識最顯明的特徵以及最完美的形式；換言之，知識並非固定不變、獨立於人類經驗之外的，而往往是研究的成果。由於科學研究一個相當基礎的層面是實驗性驗證，因此所導引出的知識永不可能是確定或絕對的，僅僅是大概的；若由命題形成的預測經過確實發生的事件所確認，則該命題可視為具有「保證確信度」（warranted assertability）（Holmes, 1981:150）；杜威採「保證確信度」一詞可能因為「知識」、「真理」這些語詞存在著許多不為他所接受的哲學意涵，他所反對的其中一種意涵是科

學法則僅符應現實而無視情境脈絡的存在。對杜威而言，如果要理解假設性命題，並建立「保證確信度」，參照形成假設與驗證假設的情境脈絡是基本要件。

科學家所謂的客觀性既非來自於個人的洞察（或直觀），亦非來自於資料所含括的事實或「本質」，而是驗證程序的公開化。客觀性一方面有賴於個體同意驗證所得的結論，另一方面則端賴個體能接受檢證與否證（falsificability）過程中所採用的測量工具；與這個觀點有關的尚包括許多社會學與心理學上的假定，甚至是羅素所謂的預言（prophecy）。由於物理學與化學領域（及部分的生物學領域）所獲致的共識往往較社會科學及倫理學領域為大，因此引發爭議，認為在社會科學、倫理學中有不同的求知方式與不同類型的知識，據此爭議，科學方法僅適用於某些領域，並非一體通用。杜威無法接受這種觀點，他寫道：「將科學態度納入人類事務中，意味著至少在道德、宗教、政治、工業上會有革命性的改變」，這項革命的成功端賴盡其所能的發揮組織性智能與科學方法的效用，而該種科學方法也就是反省思考法。

㈣反省思考法

雖然反省思考的論旨不斷出現在杜威的文章及主要著作之中，不過真正井然有序的分析反省思考過程則是出現在《思維術》一書；根據凱爾帕崔克（William H. Kilpatrick）所言，這個分析鼓舞了美國教師並使他們發現可以採用「問題取向」作為教學工具。反省思考的過程代表一個教學目標與一種方法，而這項分析使整體思考特有的層面能獨立出來並加以擴充詳述（不

管杜威所構思的過程如何不恰當）；反省思考能適切的鑑定任何知識份子所具備的態度類型、心態與性格，值得注意的是反省思考不能用來指出知識份子所應具備的知識或所應持有的價值觀。

反省思考怎麼開始的呢？首先，杜威假定「思考非自動發生的狀態，也不是僅根據一般原則來進行的」，思考乃源自個體經驗中的某些「混亂、困惑、疑難情況」，除非這些條件均充分具備，否則強制性思考注定無效。一旦條件具足，為了「轉變所經歷的某種晦澀、疑難、衝突、失序，使成為清楚、一致、穩定、和諧的狀態」，便開始反省思考的過程；前反省狀態與後反省狀態之間共有五個思考步驟或階段，杜威將這五個階段呈現如下（Dewey, 1933:107）：

1. 暗示——從暗示中發現可能的解決方案。
2. 理智思考所感覺到（直接經驗）的困境或混亂，轉化成待解決的問題，尋求問題的答案。
3. 收集事實性的資料時，依次將每個暗示作為前導性概念或假設，引導觀察與其他運作。
4. 仔細推理概念或假設（在這意義上，推理是推論過程的一部分，而非全部）。
5. 藉公開或想像式行動來驗證假設。

這些階段不一定照既陳的順序依次而行，事實上，這些不同層面之間可能產生相當持續性的互動，而且某個階段的思考品質一旦改善將有助於提升其他思考階段的水準；再者，每個階段所進行的判斷彼此間是「密切相關以至於能相互印證以導出最終的判斷——結論」；因此，反省思考的水準端賴思考者進行判斷時的切題性與辨別力。既然科學研究是集體性的，進行健全判斷的

人數愈多，研究的品質便會愈高；杜威寫道：「能在任何事務中進行健全判斷的人，不論所接受的是怎樣的學校教育或學術成就，均是那些相關事務的知識份子」。

健全判斷所需具備的特質是難以計數的；有必要保持情緒的警覺或敏感度，因為少了它，個體對整體情境的反應會顯得遲鈍。敏感度可能先於反省思考，但卻是反省思考的基礎，藉由敏感度使個體警覺一個模糊、疑難、衝突或困惑的狀態；敏感度亦相當不同於杜威所謂好奇三層次的第一層次──「一個活力泉源，表現出豐沛的生命力」，或是「生理上的焦慮」（這便較近於敏感度）；即使在下一階段，受社會誘因的影響，亦僅是「求知欲的萌芽期」，只有基於這樣的好奇心──這種好奇心是教育應特別激發、培育的──才可能產生理智思考的過程。

另一項人類重要的素質是想像力，它充斥整個思考階段，特別在暗示、假設或概念層次；據杜威的定義，若知識源自於研究結果便具有創意，因為知識並非意指「知識本身」，而是發現的成果，這種成果往往「突破既定與既有之物」。新奇或具想像力的點子經常導致絕然新穎的結論與意涵，同時經常違反過去所用的假設來尋求解決之道；然而，或許會有許多可行的解決方案，每個解決方案均需進行驗證，直至發現最令人滿意的一個方案，亦即發現一個最能完美解決困惑情境的方案。雖然驗證的技術經常相當清楚的列述，驗證的過程也會發生在一個人的想像力之中，那時，想像力可能開始意涵著心智的素質，有助於從感覺經驗或經驗性資料跳躍至概念，再從概念回歸到具體、單一、經驗過的事件上。

想像力素質的支柱是能力，所謂能力就是傳統上被視為獨立於感覺印象之外，屬於人類理性的能力，這種能力能使個體理智

思考困惑情境。分析有助於使困惑情境細分為許多要素,因而凸顯出問題的特殊性質。綜合則將每個問題的特質置於情境脈絡中,亦即檢視每個特質與其他各個篩選部分之間的關係。分析與綜合的過程彼此互補,相互充實,只要涉及重點與枝節間的區別,就不應強調判斷的發生乃由於分析的結果。對選擇與描述問題所在的情境脈絡或解決方案所提出的情境脈絡而言,這些過程是基本必備的。

另一個與智識活動有關的能力是推理;狹義而言,推理是從已知的前提中演繹推論出結論或結果;在物理科學的領域,這類推理屬於數學的,但在所有種類的推理中,邏輯的意圖使其呈現相同的形式:「若P則Q」。實用主義者對推理過程的應用持保留的態度,並納入判斷的要素,這是因為從任何假設推演而出的結果可能會發生在許多領域;若考量某個社會問題與解決方案,所提出的假設可能可以導出經濟、政治與教育結果,這些為了演繹的精確所作的相關選擇端視研究者而定。在物理科學領域,預測通常簡化至公尺的度量;在經濟學與商業方面,預測的結果通常從損益的角度加以量化;政治學方面,預測則以權力的維持或失落來表示;杜威寫道:「在成功的概念中,若僅含括外在的物質財貨而排除文化、藝術、科學及人際間的同理心,這種作法是愚蠢而不智的」。

驗證的公開性使科學方法具有客觀的特性,要能接受這個組織性智能的方法,有賴於採用該法的個體所持的特定態度。首先,必須有一股將這個方法應用至問題上的欲望;其次且最重要的是個體必須有行動的意願。杜威寫道 (Holmes, 1981:153):

即使在道德與其他實務上,一個深思熟慮者儘可能視本

身的外顯行為為實驗性的；換言之，當他無法挽回事實且必須坐視結果產生時，他對本身行為以及該非智識性的結果所獲得的教訓保持警惕。

尚有兩個素質是反省思考必備的：開放的心胸與責任感；開放的心胸意指個體需擺脫偏見，願意考慮新概念並透過實驗驗證的過程來檢視新的概念；責任感並非表示個體對提出新概念或新穎的解決方案過於小心翼翼，也非指個體避免改變以及逃避變遷所帶來的問題，責任感所意指的是個體準備根據實據將新觀念付諸經驗的驗證，以揚棄無法接受考驗的概念。

與社會科學家相較，物理科學家占有重要的優勢，不過，杜威聲稱自然科學與社會科學中有一致的研究方法，他寫道 (Dewey, 1916:333)：

> 社會科學中所進行的研究，不論是歷史、經濟學、政治學、社會學，每一個步驟在在顯示要成功解決社會問題，只有採用自然科學中收集資料、形成假設、實際驗證的方法；也只有採行衍申自物理學、化學的技術性知識，才能提升社會福利。

就杜威的論點，只有在發現（預測）替代性（或幾個）的道德命題時，才能進行道德判斷，例如「你不應殺人」不應成為判斷時的一個絕對標準，因為似乎沒有任何道德命題能在所有情境下一體通用，所以需要從眾多結論中擇其一，這有必要訂定標準或評價系統，以便即使根據所預測的結果還是可以進行道德判斷。不過，反省思考法或科學方法本身無法自立成規範科學的基礎；當然，歷史的傳統不僅提供一個規範類型或價值類型，並且

指出這些類型所賴的基礎；這些史例至目前爲止就工具性用途的角度而言尚有價值，但個體應隨時視實際需要重新檢視、修正自身的價值系統。杜威認爲只要本身社會中既存的規範仍然可行並且適當的話，還是必須採行這些早已獲得認可的規範。

想要從既有情境中發現衆人均認同的價值，顯然並不容易，不過，若僅僅大略區分「理想」價值與「物質」價值，困難度便降低；亦即假定大多數受過教育的個體經過長期的反省思考後，會有是非對錯之分，因此團體本身便會形成道德判斷的基礎。

值得注意的是，對某個道德問題的解決方案進行科學的成效評估相當不容易，因爲個體的心理特徵會介入評估過程，成爲概念形成脈絡的一個重要特色。既然個人的態度在判斷的行動中占有一席之地，成功的預測有賴於對這些心裡特質的了解，若要預期他人的道德判斷，有必要具備心理學知識與洞察力，反省思考將提供必要的資訊以利其自我預測本身道德判斷的本質。

(五)杜威論「知識份子」

杜威對「知識份子」（educated men）有相當的期許，爲了訂定知識份子所應擁有的學科知識，杜威相當強調在學校中訓練他們處理各種問題，或者提供問題讓他們解決。杜威指出當前需要發展「與過去同樣有組織的新式學科……但新式學科必須與學校經驗保持密切、發展性的關聯」。

不管這種新式學科是什麼，年輕人的問題大量反映科學資訊在社會上的應用；青年人必須在科技年代中工作，而其中許多人將成爲科學領域中的專家或科技學家，而且不管是否願意都必須居住在大都會中，過著隔離的生活以及複雜的社會與人際關係，

他們必須應付所有屬於科學產品的複雜機器與設備。杜威觀察了許多典型的科學與社會後指出：「蒸汽引擎、汽油引擎、汽車、電報與電信、電車直接進入大多數個體的生活當中」，今日我們可能還會加上氫彈戰爭對人類生命所造成的威脅；生活中每個層面幾乎無一不受現代科學發展的影響，除非可以預測並審慎衡量個體在已知情境下身體、生物方面的影響，否則不能在反省思考的基礎上進行判斷。總之，現在的知識份子經由反省思考將所具備的龐大科學資訊轉化成真正、人性的知識，任何設計來配合當今需求的教育必須對這項事實加以完整考量。

杜威總是關心科學、職業教育與人文博雅教育之間錯誤的二分法，這二分法就如前述是亞里斯多德傳統的一部分，關涉仕紳與藝匠、勞工之間的經濟、社會區分。勞工所接受的殘酷待遇無疑地在實際上強化了知識份子對職業課程的厭惡。杜威宣稱：「我們必須放棄迷思，因為這種迷思將人文主義等同於對博雅訓練的興趣，不管在其他地方達致怎樣的成果，至少這在美國僅僅產生一個自負、勢利的薄弱文化」。

若果真如杜威所言，職業與科學教育應為普通教育的核心，則他必須面對如何落實的質疑。就正面的角度而論，杜威相信正確運用職業教育可以「影響智能與興趣，進而聯合立法、行政，以修正現今工、商秩序中可憎的社會特質」；再者，科學教育也可以鼓勵個體熟習科學方法以便「處理日常經驗到的事務」。

科學之所以應列入教學中，不僅因為科學固有的方法，也因為現今多數的社會問題都具科學層面，為了解並解決這些問題，必須選擇科學資料；總之，科學教學基本上應著重科學的社會意涵，一個實際的取向是以主要的社會問題為主軸來組織課程，並從解決問題的角度來選擇科學資料與理論，科學教育一旦達致能

單獨或集體幫助個體解決問題的程度時，便真正成為所謂的博雅教育。但是，若這些成為科學教育的目標與方法過於專注於製造未來專家，至少會陷入兩項顯而易見的危險；第一，將世界二分成科學家與藝術家，溝通絕對會日益困難；其次，科學家將日益成為不關心政治、不重視道德、缺乏美學敏感度、喪失社會責任感的人。杜威對這兩難所提出的實際解決方案是重新調整博雅藝術學院的走向，他提出這樣的忠告：「在民主社會中確保博雅藝術學院維持正當功能最重要的課題是促使現今社會需求的技術性學科能具備人文的走向」；科學是人類的活動，杜威期望將科學發展為人文的、博雅的科目。

知識份子由於擁有研究方法以及將方法運用至社會問題的欲望，因此負有一項主要任務，亦即研究不斷變遷的世界並加以改善。身為知識份子，必須鑑定導致變遷、引發問題、指引社會發展方向的種種競爭力。當某種力量打算操縱變遷的方向，而另一個力量卻企圖反其道而行時，個體的責任便是決定將支持哪一種力量，關鍵在道德問題上。杜威將知識份子的社會目標界定在「了解致使人類受苦的力量以及因果關係」（Holmes, 1981:158）。

杜威所謂知識份子的概念是完全符合現代條件；現代人正逐漸臣服於工業化與都市化的壓力之下，亦日益發覺自己生活在一個充滿種種選擇機會的社會中，這是一個一般大眾與工業勞動者的世紀。無論如何，杜威所作的社會狀況評估正逐漸證明是正確的；戰後的世界由於戰爭所產生或加速的變遷導致相當巨大的創痛，以至於不但存在較過去為多的問題，也涉及較從前多的人口，這樣的情況相當明顯的需要在戰後建立新形式的社會權威。接受杜威的解決方案是一種個人的判斷；杜威堅信我們有能力教育每個個體覺察周遭環境的問題，進而以組織性智能的方法處理問

題，這種信念顯示杜威對教育的信任；雖然杜威的解決方案是基於信念，卻包含豐富的可能性，而且就某種意義而言是大多數西方世界國家的人民所致力而行的。

三、蘇聯模式

建立理念型蘇維埃模式的資料來源往往是顯明而且受到公開認可，蘇維埃作者經常視馬克思與列寧為共產主義的創建者。蘇聯於一九三六年與一九七七年所制定的憲法再次確認了憲法條文源起於共產主義的政治理論，重大的政策變動會在共產黨員組成的國會中進行辯論，而且往往會追溯社會與個體的基本假定以獲取正當性。

自從一九一七年之後，許多詮釋者接二連三的參與了主要的理論發展。克羅絲卡雅 (N. K. Krupskaya, 1875-1933) 、維哥茨基 (L. S. Vygotsky, 1896-1934) 、馬卡連可 (A. S. Makar- enko, 1888-1939) 、魯納喬斯基 (A. V. Lunacharsky, 1875- 1933) 、夏茨基 (S. T. Shatsky, 1878-1943) 、布朗斯基 (P. P. Blonsky, 1884-1941) 是橫跨蘇聯革命前後期的著名教育作家 (Holmes, 1981:162) ，不過並非所有作者均受蘇維埃政府所重視。克羅絲卡雅倡論兒童的培育、馬卡連可分析團體的教育價值，均主導蘇維埃一九一七年以後的思潮；克羅絲卡雅代表兒童中心的研究取向，馬卡連可則倡導以集體教育為中心的研究取向。在理念型蘇維埃模式中，二人的論述均可以在不違反邏輯的情況下彼此配合；然而，霍穆斯指出要分析蘇聯教育，必須對資本主義社會與共產主義社會的本質有所了解。

㈠馬克思觀點下的資本主義

　　霍穆斯從資本主義社會的角度切入，來刻畫共產主義社會的特徵，馬克思視社會變遷爲必然的現象，並認爲是邁向千禧年的過程，這正與柏拉圖的觀點相反，柏拉圖認爲變遷必然會走向墮落；馬克思的觀點也不同於杜威，杜威認爲變遷是不可避免的，不過並無一定的變遷方向。這三個變遷理論通盤透視了社會的主要概念，馬克思本身將共產主義社會的出現置於連續的過程，在《共產宣言》中，馬克思與恩格斯將資本主義的特質描述爲從封建社會發展至共產社會的過渡階段，同時也描述如何透過衝突與革命來帶動社會中的改變；由於馬克思與恩格斯宣稱所描述的一連串事件符應他們所發現的社會發展法則，因而多數評論家將二人的分析歸類爲決定論。

　　霍穆斯指出在《共產宣言》中，馬克思與恩格斯聲稱資本主義社會是由階級組成，不過，中產階級、中下階級與「危險」階級（社會廢物）會逐漸沒落，留下資本階級與無產階級相互爲取得政治優勢而競爭。

　　恩格斯指出資產階級在法語中意指居住於市鎮者，屬於「現代的資本主義階級、社會上種種商品製造工具的擁有者，也是受薪勞工的雇主」（Marx & Engels, 1955）；恩格斯對無產階級的註解則是「現代的受薪勞工階級、沒有自己的產品製造工具、被迫出賣勞力過活」；因此，可以將理念型資本社會描述爲由資本家（擁有工廠、機器並買賣勞力）與勞工（只有找到工作才能生存）所組成。

　　不同於柏拉圖的社會階層論點，馬克思式的分析聲稱在資本

主義社會中，兩個主要階級無法穩定、和諧的共存，因為在某些條件下，為了累積財富與權力，資本家無恥地、殘酷地剝削另一個階級的成員——勞工。「赤裸裸的私利」決定人際間的關係，這兩個階級的利益並不相容而且必然會導致衝突，衝突本身是社會內部矛盾的結果，是資本主義社會腐敗之始。

《共產宣言》簡要描述了資本家與勞工階級之間由於剝削、階級衝突而最終導致革命的種種條件；資本家是「製造與交換模式一連串革命」下的產物，現代資本主義工業的特徵是全球性的銷售市場，工廠製造的貨品不僅「在本國銷售，亦行銷全球各地」，殖民風潮更開啓新的原料來源與貨品銷售市場。在二十世紀中，公路、鐵路、海運及空運賦予每個國家全球性的生產、消費的特色；為求生存，資本家需經常引進新機器以改善製造方式，各國必須打入全球經濟體系，在這個體系中，自由競爭主導著汽車、服飾、錄音機、電視等消費財的買賣；總之，資本主義「創造一個自我虛擬的世界」。

這是一個無論男女老少均需位居其中工作的大型現代工廠式的世界；廣義而言，機器意指多數的勞工表現分工、重複、非技巧或半技巧性的工作，大型工廠中大量工人所從事的單調、易於操作的工作必須根據機器的指令來組織，製造產品的速度與每天操作的時間長度決定工作比率、工作時數等等。幾乎沒有工人能再如從前的藝匠般從頭至尾獨力完成單項產品，工作的獨立性與可能的迷人之處無法在工廠這種大量生產、配合資本家追求最大利潤的欲望中存在。機器的引進、工作時數延長、支付低薪，並根據市場波動僱用或解散勞工——這些作法均使資本家的工廠有利潤可圖，而根據馬克思所言，工人未獲得合理報酬，導致受到資本家剝削。

資本主義世界也是一個都市人口遠較鄉居人口數為多、大型城市林立的世界；工業都市允許製造工具與財富集中在少數人或大財團手中，這亦意涵著現代代議制的政府，其政治權力的核心與運作都代表資本家的利益；總之，資本社會中，資本家與工人之間經濟利益的衝突是階級鬥爭的起源，但會導致政治鬥爭；據馬克思的論點，這兩個主要階級在資本主義下無法避免的一定會產生國家與國際鬥爭。

例如工人已逐漸自我覺醒，不僅共同組織工會，亦形成商業團體；教育幫助工人能成功地對付、抗爭雇主的工廠、機器，少數統治階級自願脫離本身的階級利益，而支持工人共同對抗經濟剝削與政治妥協。值得注意的是不能過於誇大這少部分受過教育的資產階級成員的重要性，因為這些成員有能力「從理論面了解歷史的整體動向」；資本主義社會所提供的教育，事實上已埋下勞工及少數資產階級意識形態者日後必然推翻資本主義的導火線。

(二)理念型的蘇聯模式

馬克思與恩格斯在《共產宣言》中概述資本主義內部所存在的矛盾將加速資產階級與無產階級產生鬥爭的革命力量，建立社會的理念型模式時，往往較關注理想社會的構成要素而忽略變遷的過程，不過霍穆斯強調，廢除私有權——有必要的話亦可透過革命的手段——是創建共產主義社會的關鍵；馬克思與恩格斯寫道：「共產主義最顯明的特色並非普遍廢除財產，而是廢除資產階級的財產」（Marx & Engels, 1955），共產主義社會理論總歸一句話是無私人財產。

私人不擁有任何生產製造工具意味著曾經盛行於資本主義社會的制度、理念長久發展下去終究會呈現相當不同的面貌；作為制度一部分的階級、國家、政府、家庭應重新給予不同於資本主義社會的定義，另行賦予適合共產主義社會的意義；個人、文化、自由、法律、同胞之愛、手足之情等等均需在這個沒有資本家、缺乏私有權的社會中重新賦予新意義。

　　由於缺乏資本階級，因此只有一個勞工階級仍存在；在當代蘇維埃文學中，工人、農人、智者一視同仁，均屬於相同階級，既然他們的利益不會相互衝突，便不可能有「階級」鬥爭；據此而言，理想的共產主義社會是由無階級之分或僅由單一階級所組成，階級成員不會相互較勁，彼此之間因共同的意識、共同的利益而聚在一起，屬於令人嚮往的兩性勞動世界。國際主義因而有了新解，端賴各個國家內無階級之分，「國際間的敵意將隨著對立主義的消滅而結束」；總之，共產主義預設世界性的無產階級勞動社會便是理想的社會，沒有任何共產主義理論主張在資本主義世界中發展國際主義。

　　同樣的道理，共產主義的家庭並非建基在財產的擁有權，因為這種作法會剝奪那些未能擁有財產者的家庭生活。在共產家庭之中，妻子與女兒並非如日常用品般可以買賣的生產製造工具，而是女性團體中平等的成員。共產社會的婚姻制度是合法化女性團體的設計，婚姻非由教堂認可，而是藉此在無產階級社會中將女性提升至平等地位；一向是資產階級權力工具的組織性宗教失去生存空間，不過仍尊重人民的宗教情感。

　　至於政府，由於勞工是唯一的統治階級，故而允許生產工具集中在他們手中，這並非意指個體即使努力工作也不能獲得財產，而是不准人民藉著財產擁有權而犧牲他人從中獲利，財產的

社會性受到重視。在這樣的政府形式之下，薪資與利益也因而沾染社會性的色彩，新型機器的引進與消費財的增加是爲了大衆利益，而不是少數人累積資本的方式，競爭在蘇維埃工業中從此有了新義，目的在改善所有人的生活品質。

文化與智識主義是這種生活的要素，不過所反映的並非資本主義的價值，而是共產社會的價值；因此，所有藝術形式的評判標準是根據藝術品本身究竟偏向資本主義文化抑或是偏向共產主義文化，程度深淺成爲判斷藝術的價值標準；道德同樣也根據經濟條件的限制或鬆綁來判定。事實上，馬克思與恩格斯分析的關鍵是任何社會，只要有理念存在，將有助於社會革命，而且「陳舊理念將與舊有的存在條件同步消失」。

馬克思與恩格斯在《共產宣言》中曾歸結理念型的共產社會所應具備的構成要素，認爲下列的改變便是明顯的鑑定方式 (Marx & Engels, 1955)：

1. 放棄地產，將所有地租應用至公共目的。
2. 採沈重的累進稅率徵收所得稅。
3. 放棄所有繼承權。
4. 移民外國者與叛徒的財產充公。
5. 設立一個由政府出資與國營單獨壟斷的國家銀行，由政府集中放款。
6. 將交通運輸工具交由政府掌控。
7. 由政府來擴充工廠，生產工具並歸政府所有；提倡荒地耕作，並根據共同計畫普遍改善土壤。
8. 所有人均負有相同的工作義務，成立工業大隊——特別是農業。

9.結合農業與製造業,藉由全國人口的平均分配來逐漸廢除鄉村與都市之分。

10.所有孩子在公立學校之中採自由教育的方式,廢除現行的童工制,將教育與工業製造相結合,諸如此類等等。

經由這個理念型模式,可以判定諸如蘇維埃法律、憲法等內容細節,亦可以分析列寧所作的詮釋以及政策走向,特別是蘇維埃教育政策的演進與《共產宣言》中所論及的教育陳述密切相關。

(三)蘇聯模式下的個體論

若柏拉圖的「人」受限於身世背景,共產「人」則為階級的產物;根據柏拉圖所言,哲學家國王會養育出未來的哲學家國王,勞工子女將成為有效率的勞動者,這項原則應有例外。在《共產宣言》中,馬克思與恩格斯明確闡釋個體本身所屬的階級將決定個體的態度與意識。在資本主義之下,統治階級的另類與勞工階級的另類匯聚成一股力量形成革命團體,每個國家的共產主義者是勞工團體中最堅定的一群,並擔任階級鬥爭的領導角色。

共產主義的目標是推翻資本主義並摧毀資本家,以便建立無產階級或單一階級的社會,在這種新社會中,個體將獲得本身階級——勞工階級或無產階級——的態度與道德感。在理念型的共產社會中,所有個體均為同一個階級的成員,所以自我覺醒的社會運動將不是弱勢族群運動的結果,而是社會大眾基於多數人的利益體所進行的活動。

個體性因而必須從以均等為基礎的人際互動上來加以檢視,

階級、群體或共同體對個體性形成深遠影響。在資本主義社會中，大多數個體局限於資本階級的虛假意識，或局限於受剝削勞工的虛假意識，由於人的意識由自身的社會──歷史經驗所決定，廢除私產來消滅資本主義並不可能立即創造一個真正的共產個體；無疑地，這個敘述足以說明列寧對青年共產人的訴求，要求他們將本身的活動建基在廣博的知識上而非僅僅大喊口號，具備這類知識，便可以教育、訓練同儕，並對深受過去體制所害的舊式社會成員重新再教育。

工人與農人在這個男女平等的共產主義社會之中，應對本身的地位與角色有深刻的了解，這個覺醒確保個體的行為並非為了本身的利益，而是根據全體勞工的需求來行動。至目前為止，共產主義的倫理與道德從屬於單一工人階級的利益，判斷道德行為的規準與集體利益有關，非關個體本身利益。

這樣的論述當然無矛盾之處，因為階級鬥爭與衝突不會出現在理念型的共產社會，人們的行事均有益於整個社會。知識份子在這樣的社會中將竭盡所能提升生活品質，藝術、科學、文化成就將使社會上所有成員不管住在城市、鄉鎮或村莊，彼此更加親近；因而在適當的經濟環境下，所有個體均能成功的在單一的教育制度下接受教育，唯一的例外是那些智能障礙的個體。

由於假定成就的不均主要源自於環境條件的差異，教育機會均等因此獲得正當性而得以成為蘇維埃教育政策的核心原則。個體在教育制度中的整體發展──包括智育、體育、道德、美學──必須從馬克思理論中相關的基本宣稱來解讀，蘇維埃理論中關於教養孩童的論點反映一個假定：在適當條件下，教育制度能培育出理念型的共產人。

理念型的共產人第一個特徵是必須意識到他們所擔負的共同

任務、共同的物質利益與目的，並爲大衆共同的利益工作。這樣的覺醒乃由於諸多因素的激發，其他動物根據天賦遺傳的生物本能與環境刺激來反應，人類的行爲也受天賦的生物因素與外在刺激的制約，但除此之外，人類還擁有代代相傳的經驗累積，由經驗累積而成的意識有助於引導人們在現實世界中行動；因此，個體既不受限於天賦能力、環境，亦不單單受制於教育，這些因素促成個體意識的完整發展，亦幫助個體得以擺脫現狀的限制，得到自由。

一旦廢除了資本主義的基石──財產私有權，人性便可透過教育來改善理念型的共產人必須爲達致一個眞正的共產社會而工作，亦必須擁有人類社會—歷史經驗的通盤知識，直至推翻資本主義，使階級衝突成爲歷史。經驗累積而成的知識是透過語言代代傳承，帕瓦洛夫 (I. P. Pavlov) 在「次級符號系統」 (second signal system) 的理論中，將語言、人類使用的字詞列爲教育的核心特質；當然，教育系統並非兒童學習與發展的唯一環境，在養育兒童的過程中，學習與發展之分在蘇維埃理論中相當重要，因爲就如前述，人體構造的成熟並非具備學習能力的唯一因素；維哥茨基分析發展與學習的關係，並認爲學習所造成的影響從不一定，例如可能會產生一個潛能發展區。

布里茲涅夫 (I. Brezhnev) 在第二十五屆黨代表大會的報告中重申 (Brezhnev, 1977)：

> 身爲蘇維埃人，在贏得自由後，還必須能在最艱苦的戰役中捍衛自由，並爲了建立美好未來，能付出所有力量、作出所有犧牲；除此之外，在通過所有考驗後，尚能自我超越舊有的認知，結合意識形態的信念與巨大的生命力、文化、

知識、能力而加以運用；這樣的蘇維埃人除了是位熱情的愛國者外，亦將是徹頭徹尾的國際人。

　　自由、意識形態、文化、愛國主義以及國際主義都是描述理想典型蘇維埃人的關鍵語詞，這些語詞應根據馬克思與恩格斯在《共產宣言》中所提出的社會理論來闡釋；同樣的理由，諸如誠實、真誠、仁慈、忠誠、同情心等美德作為共產主義教育制度的共同目標時，應當在共產主義社經理論的脈絡下進行檢視，這些奉為目標的德行雖未如前述的政治性語詞般具爭議性，不過在進行整體、全面發展中的個體的理念型描述時，應將這些德行納入。

　　在蘇維埃模式，個性在共同體中才能真正展現；檢視個性、共同體這兩個語詞，應在生產工具、財產掌握在勞工手中的社會脈絡中進行；階級利益與個人利益在這些情境下可相互調和，個人主義與集體主義並不彼此對立，身為共同體一份子的每位個體終究會自然而然為團體而工作，並將團體的利益置於第一；不過，這種觀點是有條件限制的，亦即只有當「社會公有財產」消除剝削的可能性時才站得住腳，在這樣的情況下，社會利益與個人利益同義。

　　值得注意的是柏拉圖亦持相似觀點；不過，柏拉圖所謂的良善社會並不同於馬克思，因此二人對調和個人利益與社會利益的方式亦呈現重要差異；同樣地，杜威的個人主義亦應根據他所謂良善社會的概念來解釋。總之，在每一主要模式中，個人論與社會論的關係具邏輯性與一致性，比較研究應當闡明內部的不一致性，而非企圖倡導何種模式是「正確」，而其他模式則為錯誤的。

㈣蘇聯模式下的知識論

哲學家經常宣稱他們的理論不是規範性的，亦非輿論的彙總，而是衍申自客觀知識。據稱共產主義理念型模式的本質並非建基於馬克思的論點與列寧的詮釋，而是馬克思對所有社會的歷史進行科學研究而得出的結果。社會發展的客觀法則顯示全球各地的社會發生變遷的情境條件，所以在蘇維埃的理念型模式中，社會變遷的主要方向、個體面臨每個新發展階段時在態度、道德方面的調適並非爭議的議題；不過，如果要研究共產主義的知識論，模式所提供的教育與知識分析有一定的助益。

霍穆斯指出，在資本主義之下，僅有某些工人與少數勞工階級的成員能完全了解資本主義社會的內部矛盾而致力於推翻它。即使廢除了財產私有權，過去舊有的態度仍存在於社會之中，這樣的現象特別見於在資本主義社會的環境包圍下存在的社會主義社會；因而社會主義社會需要某特定種類的教育與知識將工人──無分老少──從這些延續自過去但不再適當的態度、行為方式中解放出來。

列寧於一九二〇年所舉辦的全蘇聯青年共產黨聯盟大會中，發表一場演說勸告青年共產黨人，列寧指出當他們「用人類所創造的知識寶藏」來豐富本身的心靈時，結果將只會成為共產人，學生應對資本主義社會加以深入研究，以便了解本身所承繼的社會──歷史經驗，這類知識如前所述是靠語言傳承，並為個體成長發展的基本要素。

《共產宣言》中對於人類歷史的基本假定是「所有既存社會的歷史便是一部階級鬥爭史」，馬克思聲稱，這個經過歷史研究

所導出的法則如同物理學、化學、生物學法則般的客觀。科學研究法保證這個歷史法則的客觀性，研究資料是物質的，研究方法是辯證的，因此辯證式物質主義建構了可爲這個理念型模式所接受的科學研究形式；此需與其他辯證形式相互對照，亦需對照柏拉圖所謂永恆而眞實的世界是「觀念」（ideas）的一部分。

理念型蘇維埃模式中的知識屬於百科全書派，每個歷史與每個主題決定了知識內容；如物理學包括靜力學、動力學、物質的特性、熱、光、聲音、電力與核子物理學等等，資料來自幾世紀以來的努力成果——從古典希臘至二十世紀末。

知識的應用對蘇維埃社會的發展相當重要；列寧強調有必要藉國家的電氣化、架設交通系統、建立基本工業等措施來現代化新社會，科技革新不僅對資本主義的發展居關鍵地位，對提升共產社會的生活品質亦有相當助益；不過，尋求改善工業的動機往往與最後結果不相同。

兩種類型的社會所存在的主要差異是共產社會並不會進一步將工人與生產工具隔離，亦不會使人們爲私利而競爭；由於蘇維埃理論家未反對工業生活，科技革新在這些條件下將嘉惠社會所有成員，這種益處端賴勞工間的關係與工人所擁有的知識種類。

列寧與其妻克羅絲卡雅批判沙皇式的舊制學校，因爲這種舊式學校提供教科書式的知識，以陳腐的背誦法填鴨學生，忽視書本與實際生活間的差距；彌補之道是確保所有進入共產社會勞動式生活的青年應對共產社會有所了解，並學得適合居於共產社會的態度。

這類知識可透過「多元技術」教育來獲得，克羅絲卡雅在《專業教育與多元技術教育的差異》中概述多元技術教育的主要特徵，成爲將教育落實至生活的改革中一項核心議題，並在一九

五八年赫魯雪夫掌政期間立法通過。雪帕瓦連克（S. G. Shapovalenko）所編著的《蘇聯多元技術教育》一書，檢視了多元技術教育的許多層面，該書中心主題是所有的知識在工業社會中應用來啓發勞動生活的特徵。

「多元技術」知識包括關於整個生產製造週期的資訊：原料來源、運送至工廠的方式、機器的設備與運作，亦包含生產方法的組織方式、工廠管理方式、工業產品配售方式。一般而言，工廠與工業在蘇聯經濟所扮演的角色亦爲這類知識的一部分，這些層面每一部分的歷史都應納入青年勞工的綜合知識中。若論優先順序，諸如化學工業、農業、輕重工程應優先重視，但這種重視並不與列寧所宣稱「所有人類累積的知識都很重要」產生矛盾。

在這個模式中，這類知識與因知識所產生的態度二者間的關係當然很重要；這些態度顯示單一階級社會中道德的必要性，以便決定勞工關係，亦顯示工人對生產工具的關係，因而避免造成隔離。

這類知識因而是匯聚個體與集體的媒介，不但能解放個體，並且是個體建立眞正意識的基礎，這類知識在平等的社會中是所有人的解放者與動力；在財產共有的適當社會環境中，這類知識對個體發展實具貢獻，因此，霍穆斯認爲知識在共產社會的理念型模式中是個非常基礎與相當重要的部分。

上述對建構理念型模式的諸多考量，霍穆斯均將之置於本身所提出的問題解決方法論中，關於方法論中的理論模式請見第八章。

2

霍穆斯的問題解決方法論

第六章
方法論的形成背景

一、方法論的熱潮

　　一九六〇年代，方法論的議題成為比較教育領域的關注焦點。國際性會議、期刊文章、著作紛紛針對方法學的相關議題進行探討；聯合國教科文組織設於漢堡的教育學會於一九六三年召開多次專家會議，致力於比較教育相關資料的鑑定、教育分類制度的設計等方法學相關議題的研究；會議報告《比較教育中的相關資料》同年出版，提供分類學發展的基礎。此外，諸如《比較教育評論》、《國際教育評論》及《比較教育》等主要期刊亦經常刊登方法學的相關文章。同時，亦有多位比較教育學者提出不同的比較方法與比較方法論；其中貝瑞岱於一九六四年發表《教育中的比較方法》一書，成為跨學科研究的代表；一九六五年，霍穆斯出版《教育中的問題：一個比較取向》，試圖透過問題解決法來尋求更嚴謹的科學方法以建立教育科學；金恩的《比較研究與教育決策》一書則於一九六八年出版，主張採特別的方法達致特定的目的；諾亞與艾克斯坦亦在一九六九年發表《邁向比較

教育科學之路》，試圖在社會科學架構中發展比較教育（Treth-
ewey, 1976:21-22）。

　　六〇年代這股方法論的探究熱潮將比較教育帶入科學研究時
期，諾亞與艾克斯坦將之定義為比較教育發展的第四個階段
——亦即比較教育的社會科學時期（Trethewey, 1976:21）；與
其他三個時期相較，這時期不但是前一時期的延伸，同時特別是
近二十年來社會科學發展之下的產物，特徵是不再明顯重視前因
的分析，分析重點轉向當前關係；分析模式亦少了歷史—哲學的
味道，多了量化、經驗性的研究傾向，並運用社會學、經濟學及
政治科學的技術與概念架構；原本著重國家制度的描述性研究在
這階段亦轉變為驗證備選方案；簡言之，科學研究時期重視通則
的探究，雖與早期比較教育先驅對教育制度作通論的傾向相似，
不過，此期的比較教育學者不再視通則為對確定性或普遍趨勢的
陳述，改以相對觀點詮釋教育與社會。

　　科學研究時期的代表人物包括貝瑞岱、霍穆斯、金恩、諾亞
與艾克斯坦。其中霍穆斯所提出的問題解決方法論，因體認比較
教育領域由於實證、反實證兩相對立的流派之間無可協調的差異
性，而危及比較教育本身的存在，所以試圖統整不同取向的認識
論，是最為折衷之法（Schriewer & Holmes, eds., 1990）。霍
穆斯由於早年的受教背景、授業教師及工作環境，在倫大教育學
院修課時便開始考慮本身的立場、比較教育的定位；問題解決法
的「折衷性」乃霍穆斯針對比較教育的目的、比較教育學者的角
色考量後的立場，亦是霍穆斯對當代科學哲學省思的顯映。

二、霍穆斯提出問題解決法的考量

(一)比較教育的目的

霍穆斯在一九六五年提出問題解決法時,便明確指出比較教育的兩個目的 (Holmes, 1965:29):

> 比較教育一方面是教育改革或計畫性發展的工具,另一方面亦爲獲取理論知識的研究方法;換言之,比較教育假定一個「具指引力量的教育科學」可透過比較研究加以發展,而且探尋「掌握所有國家性教育制度發展的基本原則」相當重要。

在《比較教育:方法上的考量》一書中,霍穆斯又重申:「問題解決法不僅希望作爲一個理論架構,將科學哲學與當代社會科學哲學的爭議納入考量;同時,此一典範亦希望能展現出比較教育研究對計畫性教育改革的貢獻」 (Holmes, 1981:15)。這些宣稱均顯示霍穆斯主張比較教育領域應發揮知識與實用兩項的功能。

(二)比較教育的社會功能與比較教育學者的角色

霍穆斯根據本身對比較教育所持的知識與實用兩種立場,進一步將比較教育區分成「純粹的社會科學」及「應用的社會科

學」（Holmes, 1981:49）；比較教育學者的角色亦因而有兩種：一種是批判性的純粹科學家或政策顧問，另一種則為建設性的應用科學家或行政者；前者所應發揮的社會功能是以批判思考消除那些無法在特定環境條件中完成既定目標的備選方案，後者所需展現的社會功能則是指出獲經採用的政策有效引進特殊情境中的方式。

㈢對科學哲學的省思

霍穆斯省思當代科學哲學的議題時，亦是環繞著本身對比較教育目的、比較教育學者的角色所持之基本立場而開展。當代科學哲學的爭議大體上循著實證主義與反實證主義兩大方向進行，這兩大方向之下又可分為三部分（舒偉光，民83）：(1)從科學的哲學（scientific philosophy）到科學哲學（philosophy of science）；(2)從邏輯實證主義導向邏輯經驗主義；(3)從實證主義轉向反實證主義。

就第一個動向而言，科學的哲學與科學哲學雖僅一字之差，卻代表著科學哲學思潮中重點的轉變。科學的哲學時期，科學哲學家重視科學與哲學在性質上的關係，重心放在哲學觀上，輔以科學及其方法來進行研究；孔德、史賓賽、彌爾等「舊實證主義者」（舒偉光，民83）多傾向「科學的哲學」所代表的意涵。降至科學哲學時期，研究重點從哲學觀轉向科學觀，科學成為科學哲學的探究對象與範圍，並從哲學上考察科學的相關議題，這種作法凸顯出科學觀與科學方法論的地位；以巴博為代表人物的否證論便偏向採用「科學哲學」一詞。而邏輯實證主義因具過渡性質，往往將二詞通用，但較偏向「科學的哲學」（舒偉光，民

83）。簡言之，這兩個語詞事實上意涵著實證與反實證兩種立場；科學的哲學時期，主流學者多為追尋普遍法則的早期實證主義者，科學哲學時期的主流學者則是重視情境條件的反實證主義者，邏輯實證論者雖不再明顯強調實證，其思想本質實淵源於實證主義，即使擺盪於「科學的哲學」與「科學哲學」之間，仍傾向於科學的哲學一義。

　　第二種動向——從邏輯實證論轉向邏輯經驗論，前者通常以維也納學派為代表，後者則為維也納學派成員離散後所出現的語詞。由於二十世紀初自然科學界進行一連串的科學革命，「量子論」、「測不準原理」、「相對論」等顛覆古典物理學、機械宇宙觀的典範相繼出現，促使邏輯實證論者捨棄實證主義所強調的實證方法，改採邏輯方法，不過追本溯源仍不離實證主義的本質；此派成員用邏輯分析區分科學與非科學，提出畫分有意義與無意義的檢證標準，這種標準亦是區分科學與形上學的判準，對二十世紀初期英美的科學哲學具有一定的影響力。維也納學派成員離散後開始出現邏輯經驗主義一詞；杜威、莫里斯（C. W. Morris）等人都主張邏輯經驗主義，杜威是實用主義者，莫里斯則結合實用主義與邏輯實證主義，使邏輯經驗主義一派包容性更廣；此派突出哲學思想與經驗主義的聯繫，可回溯至休謨（D. Hume）。從邏輯實證主義至邏輯經驗主義，這一動向代表兩種意義（舒偉光，民83）：一方面，邏輯經驗主義打破實證主義原有的觀點，放寬至經驗主義此一較大的框架中；另一方面，與傳統經驗主義相較，邏輯經驗主義的哲學更突出邏輯方法的特點；因此，此一動向原則上可視為實證主義內部的動態修正過程；換言之，無論是邏輯實證主義或邏輯經驗主義，思想的本質均與實證主義一脈相連。

第三種動向是從實證主義轉向反實證主義。實證主義與歸納法實為一體之兩面,可上溯至亞里斯多德及法蘭西斯·培根——二人均可稱之為歸納法的始祖,至彌爾加以系統化而發揚光大。反實證主義運動主要批判的便是實證主義的歸納法追求普遍法則而忽略情境因素;反實證主義運動興起於一九六〇年代,主要代表人物有孔恩與巴博;孔恩的代表作《科學革命的結構》於一九六二年出版,書中提出一個新的科學觀——即典範理論;孔恩從歷史觀點出發,分析出一個科學傳統的生命過程大致可分為常態科學、危機、革命三部曲,並進而確定三者間個別的性質,及彼此間的動態關係 (Kuhn, 1962) ,這種「科學發展」的觀點與邏輯實證主義正好相反;因此,從孔恩開始逐漸出現一個與邏輯實證主義相對立的社會歷史學派,明顯反對實證主義。

　　至於巴博的立場,早期邏輯實證主義者曾將之歸為同門中人,認為巴博的哲學問題基本上與邏輯實證論相同,當時維也納學派成員之一紐拉斯曾戲稱他為「反對派裡的正宗」 (周仲庚譯,民70,頁3) ;邏輯實證論者之所以會有此誤解,是由於將巴博用以區分科學與非科學的否證性解釋成區分意義與無意義的判準,如此一來,巴博否證性的判準最終仍與邏輯實證論檢證性的判準殊途同歸;對於邏輯實證論的解釋巴博從不接受,不過細究之下,巴博與邏輯實證主義的觀點並非截然不同;同的方面如堅持理性主義、承認科學探求真理並逐漸逼近真理;異的部分則在巴博所提出的否證論、假設演繹法,主張理論先於觀察,並批判歸納法;雖然異同均有,巴博本人並不強調與邏輯實證主義相同處,而著重其異於實證主義的觀點;因此,就算巴博的哲學不是反實證主義的開端,亦是從邏輯實證主義轉向反實證主義此一轉折的中間環節。

㈣比較教育方法的演進

縱觀比較教育的演進過程，亦不離實證主義與反實證主義兩派的議題。比較教育實證主義一派可遠溯至十九世紀中期，當時科學方法的原則已經形成，其中一個模式——歸納法已有悠久的歷史，華偉爾在《歸納科學的哲學》一書中認爲可回溯至亞里斯多德及其後的培根；基本上歸納法的理論，在文藝復興時期科學復甦帶動科學方法的發展後，與比較方法融合在一起。

另有學者主張比較研究的方法應溯至柏拉圖，不過他被歸爲文化借用者，而所用的方法也被認爲不適用於比較教育；生物歷史學家亞里斯多德採取的方法更有歸納取向——他收集許多旅人關於動物的故事，由於在觀察及分類動植物的資料時難免有預設立場，因此這種方法並不適當。

在這種脈絡下，比較教育的歷史學家希爾格認爲比較教育方法首先由自然科學家系統發展出來，並特別指出法國生物學家布豐的觀點，布豐拒絕人爲的分類系統並主張人類應該觀察與描述自然，在進一步細分分類系統及比較現象異同之前區分動物、植物、石頭，這樣它們才能在一般法則之下被歸爲一類；這種觀點與亞里斯多德及培根所提出的歸納法相似。

由於希爾格研究孟德斯鳩周遊各國觀察歸納所得的法則，而使歸納法成爲社會科學及比較教育中一種適當的研究方法，開始占有立足之地。許多歷史學家視爲比較教育理論之父的朱利安在許多方面亦與孟德斯鳩的比較方法相似；朱利安在一八一七年出版《比較教育的基本觀點與計畫》一書中曾指出：

教育就如同其他科學一般，是基於事實與觀察，這些事實與觀察應置於分析表中，簡要的比較，以便推論出原則與明確的規則；教育應成爲實證科學，擺脫狹隘的觀點、決策者獨斷的決定、盲目的因循及偏見。

朱利安所承繼的是實證主義的觀點，所採用的方法來自彌爾提倡的歸納法；影響所及，諸如韓斯、康德爾、許耐德等比較教育學者所主張的因素分析方法論不僅根源自亞里斯多德的因果哲學，亦植基於實證主義與歸納法；及至諾亞與艾克斯坦，雖放棄彌爾歸納法中的第一項步驟——客觀觀察以收集資料，並用變項一詞來取代因素，並區分因果關係與相關（correlation）；然而，二人所用的假設歸納法最終目的仍在探討因果關係；這種傳統的因果論、實證主義及歸納法成爲比較教育的典範，稱霸於五、六〇年代，是歐洲比較教育學者分類教育資料及評鑑改革計畫的基礎。

比較教育反實證主義的派別以相對主義與現象學爲主流（Schriewer & Holmes, eds., 1990），至六〇年代與科學哲學界反實證主義潮流相結合而有凌駕實證主義派別的趨勢；薩德勒、哈立斯、馬霖森等人均可歸爲反實證主義一派，此派的特徵是強調「民族性」、「立國精神」的概念，同時否定單一、普遍原則的存在，大肆抨擊實證主義者忽略國家、社會情境及文化中規範與價值的多樣性。英國的薩德勒與美國的哈立斯均拒絕實證主義，並反對教育的普遍模式能從「事實」歸納出來；同時認爲文化借用無法在比較教育研究中實行，由於反對文化借用，二人因而更重視從比較研究中形成政策的一般原則，認爲這些通則應具有預測價值；另一方面，薩德勒提出立國精神與民族性等概

念，主張學習他國教育制度時必須連其立國精神亦學，否則寧可不學，因為所有值得學習的教育均是該國時代精神、生活與性格的表現；哈立斯亦持相同觀點，強調每一種制度均有其獨特性但應視地方需要來區分特殊及普遍適用的原則；簡言之，在特定環境下進行具信度的預測。馬霖森對民族性亦著墨甚多，他拒絕韓斯的分類方式，改而依循吉斯伯格所定義的民族性來進行國家教育制度的比較研究；依吉斯伯格的定義，民族性為「集體共有的心理素質」（collective fixed mental constitution），換言之，即為某一民族思想、感情、行為之整體傾向，並傳承後代，形成或多或少的連續性；民族性會驅使族群朝向一共同目的及表現共同的行為形式，是決定一個國家整體社會行為的一種文化連續性的驅力。

　　實證與反實證兩大流派間的爭議實致使比較教育領域面臨學科認同的危機，更使「比較」究竟可行與否遭致嚴重質疑，危及比較教育本身的存在性（楊國賜、楊深坑主編，民81，頁3）；實證主義者宣稱只有透過比較的方式，人類的行為才能以真正科學的方式進行研究，換言之，實證主義者著重從跨國比較研究中找尋教育與社會面向間恆常的關係或普遍的通則；然而，諸如相對主義或現象學等反實證主義卻否定單一、普遍原則存在，強調文化或情境的獨特性、差異性，尤其是現象學因過於強調殊異性而使「比較」此一概念毫無意義（楊國賜、楊深坑主編，民81，頁11）；霍穆斯體認這種相對立取向的認識論對比較教育存在所造成的危機，因而有加以統整的企圖。

　　比較教育實證與反實證兩大勢力至六〇年代因科學哲學界反實證主義的風潮吹至比較教育領域，而使反實證主義的一派有凌駕之趨勢；霍穆斯、金恩身為巴博的追隨者，是六〇年代比較教

育領域反實證主義的代表人物。不過，由於霍穆斯對科學哲學界、社會科學界這些不同派別間的爭議有加以統整之企圖，因此不能將之歸爲絕然的反實證主義者，他並未徹底否定實證主義的某些主張；這種立場使問題解決法具相當的「折衷性」，致使霍穆斯的立場有些模糊，往往成爲學者攻擊的目標；折衝之間，霍穆斯最後以杜威和巴博二人的哲學思想、科學方法作爲問題解決法的主要架構。

三、問題解決法的醞釀與形成背景

霍穆斯的問題解決法於六○年代提出後，堪稱爲比較教育的新典範；霍穆斯對於問題解決法的性質曾作過間接、暗示性的說明（Holmes, 1984:585）：

> ……我假定典範包括信念、價值、理論、模式及技術，研究者用以正當化或指引本身的研究工作；……總之，許多相互競爭的典範總是同時存在，而這些競爭性的典範中可能包含某些相同的假定與理論，因此彼此間異中仍有相同之處，典範的更替可能是由個人或立場相同的團體一點一滴的推動，很少完全、徹底否定一個現行的典範。

這段陳述點出問題解決法的折衷性質；在問題解決法中，除了杜威與巴博二人的哲學思想與方法外，亦可捕捉到些許比較教育相對主義者的見解，而有實證主義傾向的韓斯，其收集歷史資料的主張亦出現於問題解決法的模式中，諸如此類的「折衷」在問題解決法中並不少見，亦往往成爲學者攻擊的目標；因此，霍

穆斯在建構問題解決法時思想的轉折、取捨的過程相當值得深究;問題解決法的形成過程包括科學教育與科學哲學時期、編纂《世界教育年鑑》時期及比較教育中的問題解決與實證主義時期。

㈠科學教育與科學哲學時期（一九四六年至一九五三年）

一九四六年的英國,二次大戰剛結束,整個英國社會正進行戰後社會重建的工作,各界對未來英國的社會型態及整個世界趨勢爭論不休;當時的霍穆斯一方面在中學教授物理學、數學及普通科學,同時又是英國倫敦大學教育學院的學生。

霍穆斯大學時是物理系的學生,接受的是自然科學方面的訓練,因此早年霍穆斯採彌爾的歸納法為科學方法（Holmes, 1984: 584）,這段受教背景影響霍穆斯甚深,即使往後推翻歸納法及實證主義,霍穆斯亦坦承在設計問題解決法的理論模式時,多少受早年自然科學教育的影響,而呈現些許物理學概念（Holmes, 1981:155）。

在自然科學的受教背景下,霍穆斯轉而以比較教育為志業是歸因於韓斯與羅威士兩位比較教育學者;二次戰後,霍穆斯除了教書,亦在倫大教育學院修課,受業於韓斯與羅威士;二人是霍穆斯比較教育生涯的重要人物,不但將霍穆斯帶入比較教育領域,亦引領他接觸許多科學哲學的議題,促使霍穆斯重新檢視本身的立場。

韓斯所用的比較研究法為因素分析法,與康德爾、羅威士等一批戰前比較教育學者所用的方法本質相似,被歸為歷史分析法（Trethewey, 1976:55）,乃植基於因果理論、實證主義與歸納

法；韓斯在其名著《比較教育》一書中，將影響教育發展的因素分類為自然、宗教及世俗三大因素，同時主張一個理想國的建立包括種族統一、語言統一、宗教統一、國土統一及政治主權五大因素（Hans, 1958:16）；這些歷史因素蘊涵因果關係，著重在解釋，細究之下，仍在彌爾式的架構下鑑定「因果」、「因素」或「決定因素」，並且假定這些因素在任何情境、地點所引起的結果均相似；同時反對收集教育統計資料，認為統計資料因國情不同差異甚大，用於比較研究價值不大，因此主張歷史的因素分析法，透過前因的追溯研究各國教育制度形成的歷史因素。這種因素決定論、實證歸納的研究法在霍穆斯決定本身立場時已經推翻，不過並未完全拒絕歷史分析法；霍穆斯指出（Holmes, 1984: 588）：

> 韓斯、康德爾等人過於重視探尋國家差異的歷史前因，企圖從中發現發展的終極法則，這種向後看（歷史）的方向是錯誤的，歷史資料的用途是說明現今的問題，著眼未來。

霍穆斯保留歷史分析派收集歷史資料的作法，同時將歷史分析法原本向歷史看的方向作一百八十度的轉變，如此一來，運用歷史資料時，便須接受一套新術語，評估政策時國家情境的特殊性亦因而重要，同時應批判性拒絕教育問題萬靈丹式的解決方案；霍穆斯設計問題解決法的理論模式時，將此觀點納入，成為模式的一部分。激勵霍穆斯以比較教育為志業的是羅威士；一九四五年至一九四六年，羅威士在倫大開的課程包括科學史哲、教學科學法、杜威哲學及比較教育；霍穆斯對當代科學哲學的爭議及美國教育學者、教育現狀的了解都須歸功於羅威士，由於他的引領，霍穆斯開始接觸幾位影響他觀念架構的思想家，例如彌爾

的邏輯體系、巴博的批判二元論與點滴社會工程理論、杜威的反省思考法、課程理論、發現式教學法等；這些思想不但激發霍穆斯對科學方法的興趣，並且開始注意美國的實用主義、進步主義教育運動及美法兩國的教育制度；杜威的《思維術》一書中所主張的反省思考法更是影響霍穆斯，將之納為問題解決方法論中心思想的一部分。

《邏輯體系》的論點植基於因果決定論、實證主義及歸納法，彌爾在書中根據培根的歸納程序加以系統化而形成彌爾式的歸納法；彌爾視假設演繹法為歸納法淺陋的替代品，認為假設演繹法只有發展至能為歸納法所用的程度時才適用於社會科學研究。這種觀點不為巴博所同意，他批判彌爾的歸納法未將起始條件（情境脈絡）納入考量，進行預測時，易流於普遍、無條件的預言。

從視彌爾的歸納法為科學研究法到推翻歸納法，這期間的思想轉折，霍穆斯曾經作過說明（Holmes, 1981:3）；由於本身物理學的訓練及教授自然科學的關係，霍穆斯涉獵了諸如馬赫（Ernest Mach）的現象主義（phenomenalism）、愛丁坦（Arthur Eddington）的約定主義等自然科學家對愛因斯坦相對論所進行的探討；尤其是倫大的科學史哲教授丁格爾的觀點對霍穆斯影響甚大，霍穆斯因而開始評估愛因斯坦提出相對論後對科學法則的本質、資料的客觀性及測量工具所造成的衝擊。愛因斯坦的相對論使得科學家長久以來所遵行不疑的典範——牛頓的古典物理學遭到嚴重挑戰；雖然在特定的條件下，牛頓法則仍相當有用，但理論上，就如丁格爾所言：「相對論的影響非常徹底，整個科學賴以建立的基本定義與概念都隨之改變」；又說（Dingle, 1941）：

相對論在哲學上的重要性是對物理思想特徵的啓蒙
……；在相對論未出現之前，物理學家可以扮演一位天眞的
寫實主義者——事實上，許多物理學家有意無意間均如此。
他可以相信他正在發現全世界事務的法則——與他本身思想
無關的法則，僅僅描述所發現的事物所具備的客觀特質彼此
之關係，此法則僅能發現卻無法創造或破壞。如今這種態度
是不可能的；事物所具有的「特質」均被視爲我們爲自己定
義的概念，是我們選擇來作爲代表所有其他相類事物的基點
（如長度），這種特質本身的功能是一種獨斷的量數，並任
人支配；此外，這類所謂的「客觀特質」不僅是主觀的概
念，亦被視爲與事物主體是分離的。

基本上，自從愛因斯坦提出相對論後，哲學家重新探討「科
學方法」的成分；實證主義與完全決定論的觀點受到挑戰，「絕
對測量」的概念遭到質疑，導致對「絕對性」與「一般法則無條
件的效度」的懷疑；同時開始重新檢視「量化」原本在科學中所
占的關鍵角色；因果理論與作爲科學方法的歸納法亦因此遭致嚴
重挑戰。

愛因斯坦理論中相對性的概念對於社會科學理論及典範意義
重大；社會學家開始考量人類行爲的偶發性、相對性，常隨時空、
語言、社會情境的不同而改變，是故，根據情境條件去尋找通則
成爲最新研究趨勢。傳統社會學家追尋恆常、絕對正確之律則，
企圖發現歷史發展的法則的觀念已不再適宜；由於追求絕對律則
是無益的，所以「純粹」研究亦不再適當（楊國賜、楊深坑主編，
民81，頁15）。

除此之外，霍穆斯亦涉獵維也納學派有關邏輯實證論的探

討，對紐拉斯的觀點頗表贊同；紐拉斯指出 (Holmes, 1965: 32) ：

> 社會科學家常將物理學與天文學視爲精確、絕對，並認爲矛盾是任何理論的致命傷；事實上亦非如此，物理學法則並非如我們所認爲的那麼確定、絕對，對於社會科學而言，無論立場或起點爲何，我們需預期無所不在的歧見，以及論證時的不可預測性、不完美性與片面性。

霍穆斯認爲紐拉斯對社會科學立場的評估似乎亦適用於比較教育當前的發展階段，霍穆斯因而開始考慮本身的立場。再者，英國邏輯實證主義者艾爾 (A. J. Ayer) 在《語言、眞理與邏輯》一書中主張檢證的分析與經驗模式之分、規範與事實命題之別，即使常被混淆，還是能加以區分的。

丁格爾、紐拉斯、艾爾對科學本質的論點，再加上巴博在《經濟學》雜誌上爲文對彌爾立場所作的批判，終於使霍穆斯不再以歸納法、實證主義作爲了解物理與社會世界的科學方法，同時亦揚棄基於歸納法與實證主義的社會計畫。

巴博在倫敦經濟學院授課時，霍穆斯曾選修，當時巴博所著《歷史定論主義的貧乏》 (*The Poverty of Historicism*) 促使霍氏接觸假設演繹法與細部社會工程學論點；另外，《開放社會及其敵人》一書更是影響霍穆斯的立場極爲深遠；巴博在書中從批判柏拉圖、亞里斯多德、黑格爾及馬克思四大歷史定論主義者著手，進而提出批判二元論與點滴社會工程論的觀點。巴博對歷史主義者的抨擊主要有兩點：

1.歷史主義者主張歷史發展有絕對、普遍的法則存在，這種

發展的必然性任誰也無法改變；因此，歷史學家、社會科
學家有責任發現歷史行徑過程中的律則，進而預測未來的
社會型態。

2.歷史定論主義者承認「變化」，但他們眼中的變化是悲
觀、負面、朝向頹敗的過程；因此，為維持穩定的社會，
必須阻止變遷的發生。

　　巴博批評柏拉圖、黑格爾、馬克思等歷史定論主義者是開放
社會的敵人，他們所描述的烏托邦式社會便是封閉的社會；這些
歷史定論主義者假定社會的發展過程是既定不變的，企圖藉由歷
史預言發現一套社會發展法則，進而建構一個理想的烏托邦社
會，這種社會形式極易走向極權主義、威權主義；歷史主義與社
會工程學結合所出現的烏托邦社會工程主張全面改革，希望以一
勞永逸的方式解決所有政治與社會問題，這種社會改革方式在邏
輯上、方法學上或心態上均站不住腳，終究會將社會帶往權威式
的極權專政。

　　封閉社會既不足取，則什麼是開放社會的特徵？巴博指出兩
點（莊文瑞、李英明譯，民81，頁16）：第一，自由討論與理性
批評；第二，社會制度的存在是為了保護自由，保護窮人與弱者。
巴博持「批判理性主義」的態度，主張事實與決定的二元論，亦
即區分規範法則（normative laws）與社會學法則，一個社會發
展至此才可稱之為開放社會，人民才能進行自由討論與理性批
判；開放的社會永遠處於變遷之中，由於未來的不可預測性便無
所謂社會發展法則存在，因此社會工程需以點滴、細部的方式進
行。封閉社會無法分辨規範法則與社會學法則，人們生活在不變
的禁忌、習俗中，將之視為與自然規律般的必然現象，對於因觸

犯禁忌所招致的處罰與在自然環境中所遭遇的痛苦並不加區分。

　　《開放社會及其敵人》一書出版後，巴氏對科學哲學家的影響愈來愈大；書中反柏拉圖、反黑格爾等歷史定論主義者的社會觀引發倫大教授曼罕與海耶克（F. V. Hayek）的辯論。曼罕於一九四五年被任命為倫大教育學院的教授並於國王學院開課，大力鼓吹退伍軍人及年輕畢業生共同努力建立一個全面計畫、自由及民主的社會；這個觀點吸引哥倫比亞師範學院及其他美國大專院校持社會全面重建觀點的教授。海耶克是持自由主義經濟思想的學者，相當質疑曼罕的全面重建觀，主張以細部社會工程理論替代。

　　霍穆斯根據《開放社會及其敵人》中所提示的批判二元論建立問題解決法的理論模式，用以分類、篩選社會資料，目的在釐清與簡化大量的爭議性資料；同時開放社會所採的細部社會計畫亦成為問題解決法的中心思想，因此，曼罕的全面社會計畫觀便為霍穆斯所放棄。事實上，根據批判二元論與點滴社會工程在問題解決法中所占的地位，再加上霍穆斯始終宣稱自己為巴博的追隨者（Edward, Holmes, de Graaff, eds., 1973:12），即使霍穆斯採用「預測」、「法則」等較具爭議性的語詞，將之歸為完全決定論者實在失之誇大。

　　除了批判二元論、點滴社會計畫，霍穆斯又將巴博的假設演繹法與杜威的反省思考法相互融合，形成問題解決法的五步驟。假設演繹法假定對一特定事件進行解釋時，須從兩種前提中演繹出描述此事件的命題：一是普遍法則，二是稱之為「特定起始條件」的單稱命題。諾貝爾獎得主米德瓦相當推崇巴博的假設演繹法對科學研究的貢獻，米德瓦在《科學思想中的歸納與直觀》一書中指出假設演繹法對科學家的研究過程作了合理的考量，特色

是將非邏輯形成的假設透過實驗置於批判之下，若從命題中邏輯預測的事件確實發生，則對假設的信心增強，否則便需要放棄假設。

事實上，假設演繹法除了是問題解決法五步驟的一部分，尚被霍穆斯用來分析比較教育作為一門教育科學所能提供的功能，進而將比較教育區分成「純粹的社會科學」與「應用的社會科學」；比較教育學者因而亦有「學術性科學家」與「應用性科學家」之別（Holmes, 1981:49）。

因此，在科學教育與科學哲學時期，霍穆斯已經大體上確立本身反實證主義、反歷史主義、歸納法及因果決定論的立場；將比較教育建立為教育科學的構想已然成形，更將比較教育研究及比較教育學者的定位區分成「純粹」與「應用」兩種；至於問題解決法的認識論假定——反省思考法、假設演繹法已經確立，而理論模式的設計在這時期雖已採批判二元論作為概念分析的架構，但更細部的畫分尚未出現。

(二)編纂《世界教育年鑑》時期(始於一九五三年)

一九五三年，霍穆斯受邀至倫大教育學院擔任《世界教育年鑑》的助理編輯，因而踏入比較教育的實務工作領域。

這時期是霍穆斯對美國進步主義教育運動、實用主義及杜威的反省思考法研究最深入的一段時間。對霍穆斯智識進展幫助最大的是哥倫比亞大學師範學院教授霍爾（Holmes, 1981:7），霍爾致力於將杜威的問題解決法系統應用至比較教育研究上；他將問題置於情境脈絡中進行分析，並以嚴謹、系統的方式處理問題，霍爾並將這種方法用來編一九五四年的《世界教育年鑑》，當時

的土題是教育與科技的發展，探討在不同國家中引進新科技時所產生的道德、文化、經濟、政治及技術性問題；霍爾的分析開啓技術革新的衝擊，可謂爲比較研究的先鋒，不過其後的發展卻趨遲緩；無論如何，霍爾採杜威的方法所進行的教育計畫與發展研究影響了霍穆斯，主張問題解決法是進行比較教育研究最適當的方法。

基於對問題解決法的信念，霍穆斯將之用來研究美國教育的演進、杜威及哥大師範學院的成員在進步主義教育運動中扮演的角色；就霍穆斯而言，杜威的《思維術》是發現式教學法最有用的理論基礎，不過，主張學校應以基礎教學爲主的學者扭曲杜威反省思考的知識論立場，認爲無法落實至教育實際，而工具主義者亦排除將實用主義作爲比較教育中可行的哲學，許多比較教育學者亦因此而誤解霍穆斯的問題解決法。

事實上，杜威與其他實用主義學者均試圖爲十九世紀末遽變與偏激的美國生活建立一種新的及適當的理論基礎；韋納《實用主義的演進與奠基者》一書對當時美國實用主義者的努力多所描繪；他指出諸如皮爾斯（C. S. Pierce）、詹姆士、米德（G. H. Mead）及杜威等實用主義者挑戰當時盛行的黑格爾主義，改採史賓賽、達爾文等人的理論，使達爾文主義與實用主義結合後成爲美國人民在智識上的另一種選擇。杜威分析社會問題的基點是「變遷」的概念（Holmes, 1981:8），他對問題獲得解決的基本信念是「個體的智力與能力能藉由反省思考來解決難題」；因此，杜威教育哲學的中心思想是學校需教育學生以本身的問題解決技術來處理疑惑困難情境；在美國，諸如商人、軍方領導者及研究者等均採用此種問題解決的技術，實用主義事實上是美國人哲學的一部分。

進步主義教育運動的發展始於杜威的領導，首先響應的是芝加哥大學的亞當斯·(Jane Addams)，其後是哥倫比亞大學師範學院的柴德（J. Childs）、羅格（H. Rugg）等人，當時許多教育學者均出身自哥大師範學院及俄亥俄州；這一代學者之中，史密斯（B. O. Smith）、史坦利（W. O. Stanley）、安德森（A. Anderson）等人影響霍氏最深（Holmes, 1981:9），特別是當霍氏受邀至伊利諾大學作訪問學人時，參與史密斯與史坦利為博士候選人所舉辦的義務教育研討會，當時許多社會變遷理論家諸如馬克思、密爾德（G. Myrdal）、曼罕、奧格朋（W. Ogburn）等的社會變遷理論被提出來分析、比較，引起霍穆斯對社會變遷概念與社會變遷理論的注意。

　　許多社會變遷理論學者均認為任何族群中的大多數個體的態度、信念或情感均難以改變；例如奧格朋的文化差隔（cultural lag）理論主張人類對科技革新、工業化與都市化的適應緩慢；奧格朋藉由觀察物質適應性（material adaptive）文化、非物質適應性（nonmaterial adaptive）文化、非物質不適應性（non-material nonadaptive）文化三者間變遷的時間間隔來定義文化差隔現象，他堅持改變首先發生於物質文化，其後是適應性的非物質文化，非適應性非物質文化應變最慢（Holmes, 1981:10）；密爾德的分析是基於區分個體的高低標準及個體間的內在張力，其《美國的兩難》（An American Dilemma）一書對霍穆斯而言在分析特殊問題時相當有用（Holmes, 1984:589）。

　　馬克思與曼罕則以科技與工業組織中的變遷作為分析的起點；總之，大部分的社會變遷理論假定改變首先發生於社會某一方面，隨後因為個體或社會其他面不能立即反映這種變遷而產生問題。

霍穆斯曾有一段時期在分析社會變遷時深受奧格朋理論的影響，不過，霍氏後來發現其他的社會變遷理論亦主張問題應從比較的觀點進行分析，所以主張應根據研究者的興趣與需要選擇適當的社會變遷理論，這些理論對社會變遷的看法從和平演進至衝突革命，無論哪一種均可用來進行問題的分析。

根據上述，編纂《世界教育年鑑》時期，霍穆斯受霍爾影響，對美國實用主義及進步主義教育運動進行深入探究，更堅定將杜威的問題解決法納爲本身方法論的核心；另外，問題解決方法論中分類社會資料的理論模式之一──社會變遷理論亦在此期形成；不過，理論上雖然任何一種社會變遷理論都可分析問題，但是歷史定論主義者如馬克思或全面社會計畫的提倡者曼罕等人的社會變遷理論由於與問題解決法的假定在邏輯上無法相容，因此不能作爲問題解決法分析問題時的理論；基本上，霍穆斯主張的社會變遷理論是相當折衷的，並且衍申自批判二元論的社會分類學及規範形式、心靈狀態形式、制度形式、自然環境形式四種模式（Holmes, 1981:10）。

㈢比較教育中的問題解決與實證主義時期（六〇年代至七〇年代）

六〇及七〇年代，霍穆斯熱衷於探討教育在解決世界經濟與政治問題中所扮演的角色，問題解決方法論的內涵在這種背景下因而逐漸圓熟。

六〇年代開始，《世界教育年鑑》在分析式比較研究的獨大地位成爲過去式，許多國際性機構諸如聯合國教科文組織、國際教育局等均投入比較教育研究的行列；日內瓦國際教育局亦致力於收集各國教育制度的相關資訊，該機構與教科文組織聯合出版

的《教育辭書》對教育語詞作了相當細部的分類，也因而系統的定義了教育諸多層面。另外，一九六三年，聯合國教科文組織在漢堡的教育研究所召開會議探討教育資料的分類系統，對資料分類技術的提升頗有貢獻；例如希爾格在會中對教育階段與層級作了明確的定義，他的定義後來常被用來在比較的基礎上分類資料；霍穆斯亦與羅賓森共同提出《比較教育相關資料》的報告，試圖建立分類教育資料的主要範疇，不過在基礎性資料的分類尚未能突破（Holmes, 1981:60）。

一九七三與七四年，霍穆斯獲得社會科學協會（Social Science Research Council）的補助，得以發展比較教育研究的模式與技術，問題解決法的操作過程因而有較明確的作法（Holmes, 1981:14）：

1. 定義與分析問題後所提出的假設性解決方案須具有教育性。
2. 分類教育資料及制度、規範、自然環境及心靈狀態的相關層面。
3. 建構理想典型規範模式以了解、比較影響國家教育制度的外在目標與內化態度。
4. 分析並比較政策形成、採用與施行的方式。

經濟合作與開發組織的成立掀起教育研究另一風潮，主張教育成為經濟投資的一種形式、教育制度應納入經濟資源計畫分配中。韓斯與羅威士將這種趨勢帶入比較研究中，這種觀點主要基於兩項假設：第一，教育與社會社經階級的關係可以建立並測量；第二，一個變項改變（如教育法規），另一變項（如經濟層面或社會階級）亦隨之更改，此即為實證主義的研究法。在經濟

學者、社會學者的影響下，實證主義式的相關研究在六○年代初期達到高峰，以諾亞與艾克斯坦為代表，二人仍遵循康德爾與韓斯實證科學的「因素研究取向」，但避免強調「因」或「果」，採用假設歸納的研究法研究變項間的相關（Holmes, 1984：587）。

這種實證主義式的技術雖然精細，不過霍穆斯對比較式的回歸分析驗證持相當保留的態度；霍穆斯第一項批判是（Holmes, 1981:68）：相關研究忽略概念分析應優於變項的操作；例如「社會階級」此一變項的意義，若接受馬克思對「社會階級」的解釋，則亦需接受「資本主義社會之下一定會發生階級衝突」此一概念；階級隱含的意義事實上是價值的尺度，因此若未進行先前的概念分析，便貿然從事相關研究，則比較研究的結果意義不大；換言之，不同的意識形態賦予語詞特殊的意義，增加語詞的模糊性。其次，霍穆斯批判諾亞與艾克斯坦的假設歸納法過於忽略一國教育制度的「立國精神」，二人以變項代替國家制度時，並未賦予立國精神明確的地位；簡言之，假設歸納法評估政策成果時遺漏起始條件（Holmes, 1981:69）。

除了這股實證主義式的風潮，早期以相對主義者、現象學者為主的反實證者在六○年代與科學哲學的風潮相結合，使得反實證主義派隱隱有主導比較教育研究的趨勢。雖然均持反實證的立場，霍穆斯對於相對主義與現象學的意涵並未完全接受，例如霍穆斯雖然接受馬霖森提出的「民族性」概念，並將之用在問題解決法的理論模式中，但馬霖森對如何獲取「民族性」知識的主張有逐漸朝向參與式人種方法學的取向，霍穆斯雖承認這種方式有其價值存在，不過對其可行性相當懷疑，同時亦質疑透過參與、融入市井小民社會世界來檢視社會，所獲得的了解是否真正客

觀、公允；因此，不需要徹底的從實證主義、歸納法轉移至現象學與人種方法學（Holmes, 1981:71-72）。

　　總之，問題解決方法論在這一時期納入馬霖森「民族性」的概念；霍氏雖持反實證主義的立場，反對追尋普遍法則，強調情境脈絡的重要性，納入馬霖森「民族性」的概念至理論模式中，但對相對主義過於著重殊異性、主張參與式研究取向卻又持保留的態度；同時在理論模式的基礎設計上有進一步的發展，除採目的論（teleological）解釋外，制度類型的設計採機械論解釋，這種解釋的實證論傾向亦為金恩等比較教育學者攻擊的目標。

　　事實上，問題解決法歷經科學教育與科學哲學期、編纂《世界教育年鑑》時期及比較教育的實證主義與問題解決時期，其中的特質、要素已發展完備，同時折衷性也已經相當明顯；對於問題解決方法論，霍穆斯希望這個研究典範一方面能將科學哲學及社會科學哲學的爭議納入考量，再者能發揮比較教育研究對細部計畫性教育改革的貢獻。

第七章
方法論的理論基礎與認識論假定

霍穆斯所提出的問題解決法共有五個步驟（Holmes, 1981: 76）：

1.問題分析或理智思考。

2.形成假設或政策解決方案。

3.詳列起始條件或情境脈絡。

4.從假設中邏輯預測可能結果。

5.邏輯預測的結果與觀察得知的事件作一比較。

這五個步驟乃以杜威在《思維術》中所揭示的反省思考法為主軸，再輔以巴博的假設演繹法，二者融合成為霍穆斯問題解決方法論的認識論假定。反省思考法乃植基於十九世紀末盛行於美國的實用主義，假設演繹法則衍申自巴博否證論的主張。實用主義的思想與邏輯經驗論，甚至邏輯實證論有關；而巴博所提出的否證論卻旨在反邏輯實證論與實證主義的論點；就此角度而言，反省思考法與假設演繹法的理論基礎似乎有所矛盾；因此，有必要探究實用主義與否證論這兩種理論的相容性，再就問題解決法的認識論假定——反省思考法與假設演繹法的步驟與意涵分析這兩種科學方法融合的條件。

再者，紐拉斯對社會科學立場的評估曾影響霍穆斯，霍氏因而致力將比較教育建立成為一門教育科學，以便在教育領域中進行具有信度的預測與教育計畫；在這些信念下，形成具指引力量的理論有其必要性。霍穆斯的問題解決典範即是本著科學化與教育改革兩項信念而形成的；問題解決法中作為指引的理論是實用主義與否證論，由此二者演化出的科學方法——反省思考法與假設演繹法——則為典範的核心；因此，霍穆斯選擇這些認識論的考量及其對比較教育領域、比較教育學者的意涵值得加以探究。

一、杜威的實用主義與反省思考法

(一)杜威實用主義的社會論

　　「實用主義」一詞是美國幾位哲學家諸如皮爾斯、詹姆士等人提出；杜威承襲早期實用主義者的觀點並加以統整，另行發展出一種新的實用主義。

　　實用主義相當重要的一項特徵是「變遷」的概念，此一概念可追溯至古希臘哲人派（Sophist）；相對於古希臘當時的主流思想——柏拉圖、亞里斯多德等人所持靜態、封閉的世界觀，哲人派提出「變化」、「相對」的觀念來解釋宇宙萬物，以賀拉克立特斯（Heraclitus）、普達格拉斯為代表。賀拉克立特斯否定絕對性的概念，認為萬物的本質在「變」，唯有變化本身是宇宙永遠不變的本質；賀氏說：「一切皆動，無一物固定不移」；又說：「濯足流水，水非前水」（楊國賜，民67，頁42）。依這種

變化觀推演下去，宇宙間亦無絕對或普遍的真理存在，一切事物之理均為相對的。普達格拉斯主張萬物流轉說，其「變化」的觀點與賀氏相似，不過普氏進而提出「實用」的觀念，認為人類在變化萬千的世界中求生存以應變為要務，因此所追求的知識必須能解決生活中的問題；普氏又提出「人為萬物的尺度」，宇宙間的知識、價值皆依人的標準而定，以「實用性」為主。綜上所述，哲人派的思想本質著重在「變化」、「相對」、「實用」及「個人主義」，與十九世紀末美國實用主義思想具有相當程度的契合性。

不過，當時古希臘的主流思想以柏拉圖、亞里斯多德為宗，他們相信在永無止境的經驗之流中存在著某種永恆的事物，只有這種永恆的事物是可知的。杜威完全拒絕這種觀點，他批評柏拉圖的社會觀（Dewey, 1925:97）：「柏拉圖持消極的態度視變遷僅僅為時間的流逝，將公正的社會視為穩定、靜態的社會，每個生活在公正社會中的人因了解自身的地位並安於現狀而獲得幸福」；杜威相信一個開放的世界其本質是不確定性、選擇、假設、新奇、可能性，杜威這種觀點下的「變遷」並非如柏拉圖所言般的代表腐敗與失落。

就杜威而言，「變遷」提供巨大的機會，暗示新的可能性與新目的並預示美好的未來；但另一方面，變遷亦意涵了需進行某種修正（Holmes, 1981:147），首先，隨著變遷而來或多或少的社會問題必須面對、解決；其次，當個體打算引導社會變遷的方向而不任其宰制時，社會控制的問題便浮上台面；最後，在問題解決的過程中，個體應有做好改變的心理準備，且須從自身做起。事實上，在任何社會中均有無數的力量交互運作以帶動社會變遷，這些衝擊的方向與力量並無法均等分布於社會的所有層面，

因此便形成非預期的變遷，杜威對於非預期的變遷最常舉的例子便是科學發明，他說科學應用在人類生活環境中造成不小的改變，但是人類的信念、態度、風俗習慣及社會制度卻未配合作適度修正以符應變動的世界，問題往往因而產生。

其次，實用主義者持民主、計畫的社會觀。波特（Boyd H. Bode）對民主曾有如下的描述（楊國賜，民67，頁121）：

> 一個民主制度不僅因為它對每個人皆有利益，或在政治上人人皆有參與的機會……，真正的民主，必須將個體視為目的，使個體願意對人類生活作理智與情感的參與。

克伯屈亦指出：「對於人類的尊重，我們稱之為民主……，每一個體要被視為一個人，並以人待之」（楊國賜，民67，頁122）。杜威致力提倡民主共和形式的社會，他並不視民主為「一組制度、政治形式及機制」，亦不認為民主是「最終目的與終極價值」；杜氏主張民主是一種手段，目的是透過民主的手段實現人際間合作、溝通的關係，並使人類個性得以發展；民主是種生活方式，使個體願意與他人合作。杜威宣稱：「民主遠勝於一個政府的形式，它基本上是一種相關生活的模式，一種共同溝通經驗的模式」；因此，杜威不能接受集權政府加諸於個體的限制，企圖維持現狀必然失敗，變遷是生活的事實，既然無法阻止變遷，教育的目標便要幫助個體應付變遷——這代表了最革命性、最豐富的社會觀。

對杜威而言，社會計畫企圖在穩定與變遷中找出平衡點，並調整權威與自由；杜威相信若要進行社會計畫，重點是確保計畫在最自由的環境中施行。值得注意的是杜威雖未拒絕社會計畫的概念，他亦未接受集體計畫性經濟；杜威認為全面社會計畫充其

量僅僅是一不確定的運作，無論判斷、計畫、選擇處理得多徹底，行動無論執行得多審慎，絕不會是任何結果的唯一決定因素；意料之外的自然力、不可預見的條件一旦介入，常扮演決定性的角色，瓦解原定的計畫。

十九世紀主張全面社會計畫的學派是以馬克思、黑格爾爲首的歷史定論主義，他們假定「既然可以發現自然及社會法則，而且既然社會變遷必然發生，因此亦能形成符合所有人類利益的全面計畫」，同時亦假定「無論是社會法則或自然法則都是無條件有效」，所以歷史定論主義者不但主張全面社會計畫，亦認爲特定的政策可普遍適用。

不過，杜威也不同意自由放任主義者無政府的主張，自由放任派奉個人的自我利益爲宗，主張政府不應干涉個人的經濟、社會及政治生活，因爲人類的理性能引導人們採取對自身有益的行動；杜威認爲這種自利型的個人主義及非批判性的經驗主義不再適用於現代的人類事務。

根據上述，杜威既不支持全面性的社會計畫，亦不接受自由放任式的無政府社會，他傾向一種細部漸進式的社會計畫；對杜威而言，社會能重建，但只能以點滴的計畫形式並根據特定情境來進行，據此而論，不可能有教育的萬靈丹存在——這正好與當代巴博、孔恩爲首的科學哲學觀相呼應。

進步思想、樂觀精神及改善社會的熱誠亦爲實用主義者的主要特徵，這種精神肇始於英國經驗論者法蘭西斯‧培根；之後牛頓發現三大運動定律，創立古典物理學，將樂觀主義推至頂峰，人類對掌控自然現象更具信心，對社會不變的進步充滿樂觀的看法；及至十八世紀的啓蒙時代，承繼樂觀精神，將「進步」視爲運用理性對周遭環境加以控制，同時意涵道德與社會改善的意

義。這種機械、秩序的宇宙觀至十九世紀與達爾文主義結合，由於達爾文主義「物競天擇，適者生存」的演化觀意涵一種動態的變化及發展過程，原本靜態的機械世界因此呈現進化的動態形式，人們更是信心十足、充滿樂觀的相信可以用科學方法精確的測量、描述物理與社會世界中的一切事物。

這種持社會絕對進步論的樂觀主義、機械的宇宙觀及封閉的決定論至十九世紀末漸趨緩和，不過仍相信人類具有控制命運的能力，理性的人類能改善社會，此派思想的代表是美國社會學者華德，他對培根、彌爾等人的絕對進步觀提出質疑，認為社會變遷時有改變——有時前進，有時後退，不可能永遠處於進步的狀態。華德對此轉變有貼切的描述（Holmes, 1965:28）：

> 自然是法則的範圍，人類是自然的產物，由於人類已達致了解法則的階段，因此人類雖無法改變自然，卻能左右自然力，也因此在某種程度上可以掌握自己的命運。

又說（Holmes, 1981:42）：

> ……就目前人類已經發展的智識階段而言，自然就像陶土匠手中的黏土，既不好亦不壞，全憑人類捏造，而理性的人總是將它捏得更好；因為理性的人遵循世界改善論的信條，這是人類財產中永久的善。

十九世紀末在美國大放異彩的實用主義承繼這種改善論，挑戰過去啟蒙思想中絕對進步的樂觀精神，另行發展出一種新的啟蒙哲學。霍穆斯指出世界改善論並不同於馬克思等人主張的歷史定論主義；改善論不認為人類僅僅能從已知的未來中來改善社會——就這點而論，世界改善論並不等同於歷史主義（Holmes,

1981:43）；雖然二者可以證立某些因果關係的分析，以解釋社會制度中的改變，不過，歷史主義者宣稱這種分析解釋了社會制度轉移的普遍法則及所有社會最終達致「理想世界」的原因；這種對自然與社會法則普遍性的信念，是因爲歷史主義者假定所有的社會與教育制度均走向同樣的普遍模式。世界改善論就某種角度而言是決定性的，可是這種決定觀不同於歷史主義者的完全決定論；世界改善論者認爲：法則的應用範圍有限，但人類如果能了解法則，便能掌握自己的命運。

綜上所述，杜威等實用主義者對社會變遷持肯定的態度，認爲變遷會帶動社會的進步；同時也提倡民主的生活與計畫的社會，透過民主的生活方式達成人際間開放、共同的溝通管道，而細部社會計畫一方面可避免全面社會計畫所造成的集權專政，亦不致流於自由放任式的無政府狀態；另外，實用主義將十七、十八世紀的樂觀主義轉化成較爲「保守」的樂觀，認爲社會變遷時進時退，自然法則的應用範圍有其局限性，不過只要能了解自然法則，人類仍能在一定程度上把握命運，改善世界。

(二)杜威實用主義的知識論

實用主義對知識的看法植基於達爾文的進化論，強調經驗性、實用性的知識，認爲沒有最終的、涵蓋一切的知識，只有一種繼續發展、具前瞻性的知識（楊國賜，民67，頁148）；實用主義從生物進化的觀點認爲經驗是人與環境的交互作用，在這種交互作用下，人類爲求更能掌握環境並滿足本身欲望，而產生知的作用，以求改造現實經驗；因而，知的作用在經驗中發生，知的結果亦在經驗中表現，同時，知識成爲經驗改造後的成就（楊國

賜，民67，頁149）。

　　另外，實用主義的知識論亦可追溯至培根與孔德二人在知識論上的主張；培根強調感覺經驗，對知識持進步的觀點，提倡歸納法，認為要了解自然界的一般法則必須透過實驗與觀察加以歸納研究，從中獲得知識的真偽與價值；培根的思想影響十九世紀諸如皮爾斯、詹姆士等實用主義者，杜威在《哲學的重建》一書中曾指出：「當詹姆士對過去的思考方式賦以實用主義一詞時，雖難以探究其思考方式是否來自培根，不過二者探究知識的精神相似，因此培根可稱之為實用主義的先知」（楊國賜，民67，頁48）。不過，集實用主義大成的杜威批判傳統科學，他雖同意培根「知識即力量」的主張，卻質疑培根歸納研究法的細節；杜威認為「知識即力量」並非一再套用已知知識的邏輯形式，而是對未知的探索並集眾人之力進行合作研究。孔德是法國的社會思想家與哲學家，社會學在他手中成為一門「社會科學」，孔氏同時從社會科學的概念中演化出實證哲學，主張以科學的實證方法所得的研究結果才具有信度；這種實證哲學影響十九世紀的實用主義在研究方法上傾向以實證的方式檢證事物的存在、價值。

　　杜威亦承繼實證研究檢證性的主張，提出「保證確信度」的概念，以代替真理一詞，是杜威邏輯理論的核心（Tiles, ed., vol. IV，1992:112）；杜威認為科學研究一個相當基礎的層面是實驗性驗證，知識並非某種固定不變、獨立於人類經驗之外的事物，而是研究的成果，此成果是暫時性、不斷進展的，根據暫時性的結果作為工具，以導出更好的結果，在這研究過程中沒有終點，也因此沒有永遠具保證性的命題；所以，「真理」這個靜態的概念便不適用。換言之，研究結果所導引出的知識永不可能是確定或絕對的，僅僅是「大概的」，若由命題形成的預測經由事實得

到確證，則此命題具有「保證確信度」（Holmes, 1981:150）；杜威採「保證確信度」一詞目的在凸顯情境脈絡的重要性，若要了解假設性陳述並建立保證確信度，關鍵在參照假設所在的情境脈絡。

　　另外，十九世紀達爾文主義中演化、進步的概念啓發了實用主義者，再加上愛因斯坦相對論顛覆了古典物理學絕對、確定的科學觀，使實用主義的知識觀雖有實證主義的影子，卻未接受其普遍法則的概念。實用主義者將從達爾文主義及相對論而來的啓示轉向哲學思考因而產生幾項意涵；這些意涵據韋納所研究主要有二（Holmes, 1965:31）：首先，啓發多元經驗主義的概念，對物理、化學、心理學、社會問題等多樣議題因而採點滴式分析；其二，引進實用的暫時主義，提升了「情境脈絡」的地位，對歷史與知識採更經驗性的觀點，不再企圖發現社會變遷與科學發展的永恆法則；對實用主義者而言，一個命題的意義隨著時空、語言或社會心理學的出現情境不同而不同；人類行爲中不可駁斥的原則已不再適當，杜威等人轉而主張在情境中進行實驗性驗證以獲致通則。推至物理或社會科學上，視法則爲暫時、相對的，亦揚棄「機械決定論」；此意涵著實用主義否定物理現象中「法則」的必要性與優越性地位，自然法則（類推至社會法則）只不過是「在情境脈絡下經過實驗性驗證的通則」。

(三)杜威實用主義的個體論

　　杜威等實用主義者主張細部計畫的社會，這種主張當然與「變遷」的概念有關，但變遷的另一面「穩定」，就社會或個體層面而言就是民族性或心態，當傳統或社會風俗成爲個體性格的

一部分時，便掌握了個體的信念與行動的路線，有了這一穩定面，計畫才有可能進行；然而，在變遷的社會中，人類需應變，因此作爲信念標準的風俗習慣、傳統權威應隨之放寬或修正。杜威認爲個體並不單獨存在，即使就生物學的角度，個體亦被視爲是與自然環境保持交互作用的有機體。個性非天生賦予，而是經過社會與道德上的磨練所形成的；換言之，個性乃因生活經驗的影響被激發出來的。個體與社會不應被視爲獨立的實體而彼此敵對，二者缺一均無法存在；因此，在變遷的環境下，個體適應環境的同時，並藉此進一步塑造環境；杜威在分析個人主義時寫道：我們的問題產生於社會情境，與這些問題有關的是人際關係，並非物理世界或自然界；據此而論，人類應針對社會的形式而接受教育。這在教育上的意涵是應培育個體面對並預期問題；能解決問題、預期問題的個體不能僅遵從外在權威，更必須能在行動的過程間作抉擇，抉擇的能力來自個體的組織性智能——這是杜威用來衡量知識份子的指標（Holmes, 1981:148）；組織性智能幫助個體有效連結舊有習慣、風俗、制度、信念與新條件、環境間的關係，促使個體面對問題。值得注意的是杜威所謂「組織性智能」便是反省思考，同時亦與科學同義（Holmes, 1981:149），不但帶動社會變遷，亦幫助個體擺脫習慣的禁錮。

根據杜威的觀點，智能是自然之中的一項操作因素，它在轉化與修正這個世界時表現出活力與效率，杜威同意詹姆士所言：「這個世界無處不處於發展、無止盡的成長中，這種成長在會思考、有思想的生物帶動下更加明顯」；杜威強烈反對絕對主義，其中之一個論點是「智能不可能在絕對、封閉的宇宙中以任何有意義的方式運作」（Tiles, ed., vol. I, 1992:82），智能若要有效運作，這世界必須真正具有塑造力，亦即必須有衝突、不確定

性及不安定性存在於這個世界中；在杜威的概念中，自然是一個如此開闊、廣泛的世界，而衝突、不確定性是其真正的特質，杜威自己曾說：「智能的概念與傳統的理論最大的差異在認知到不確定性中所意涵的客觀特性」；對杜威而言，這個世界全是一個暫時性的過程，世界中的每一個事物都隨時間而改變，無絕對的起點或任何預定的目的，就此點而論，人類在適應環境時可依所遭遇情境中的不確定性來選擇應對之法，這也意味著智能的目標並未由特別固定的目的所預定，因此，在一個暫時、不安定的世界中，「思考」便決定了我們與環境的關係，杜威相信透過智能運作與努力，人有能力塑造未來。

進而言之，人類智能的功能是在經驗客體中尋求新意義並且適當的回應這些意義；據杜威所言，這只有透過充分的研究才可能達致；因此，「智能」在這意義上是「充分研究」的簡稱 (Tiles, ed., vol. I , 1992:86) ；根據杜威本身對研究形式的定義，科學方法是充分反省思考的呈現，他說：「科學方法是智能最有效率運作的實現」。

根據上述對杜威實用主義的探討，可以對問題解決方法論的認識論假定之一──反省思考法──其所賴以為基的理論基礎有某種程度的理解；實用主義認識論的主要概念亦可在反省思考法中發現，因此，我們接著將據前述探討來檢視、分析反省思考法。

㈣杜威的反省思考法

杜威在《思維術》一書中開宗明義即指出：「反省思考是針對某個問題，以嚴肅的態度進行反覆、持續不斷的深思」。這種反省的過程是科學的，他說 (Holmes, 1981:150) ：

將科學態度納入人類事務中，將意味至少在道德、宗教、政治、工業上有革命性的改變，此革命的成功端賴盡其所能的發揮科學方法的效用，此一科學方法即反省思考法。

　　根據霍穆斯的研究，杜威亦主張自然科學與社會科學中有一致的研究方法，杜威曾說（Dewey, 1916:333）：

　　　　社會科學中所進行的研究，不論是歷史、經濟學、政治學、社會學，其每一個步驟在在顯示要成功解決社會問題，只有採用自然科學中收集資料、形成假設、實際驗證的方法；也只有採行衍申自物理學、化學的技術性知識，才能提升社會福利。

　　據此，反省思考法對杜威而言不但可運用至社會科學，自然科學的研究上亦適用。反省思考怎麼開始的呢？杜威假定思考非自動發生的狀態，乃源自個體經驗中的一些混亂、困惑、疑難情況，爲了轉變所經歷的晦澀、衝突、失序，使成爲清楚、一致、安定、和諧的狀態，便開始反省思考的過程。杜威將前反省與後反省狀態的思考步驟分爲五階段（Dewey, 1933:115）：

1. 暗示：從暗示中找出可能的解決方案。
2. 分析或思考所感覺到（直接經驗）的困境，轉化成待解決的問題，尋求問題的答案。
3. 收集事實性的資料時，依次將每個提示作爲前導性概念或假設，引導觀察與其他運作。
4. 仔細推理概念或假設（在這意義上，推理是推論過程的一部分，而非全部）。
5. 藉公開或想像式行動來驗證假設。

反省思考這些階段彼此間會產生持續性的互動，其功能在釐清困惑情境，困惑澄清亦即暫時解決問題。

杜威在《思維術》中指出反省思考的過程中有幾項重要特徵；首先，反省思考是連續性的；所謂連續性意指暗示或概念每一部分均相互關聯，前者決定後者，後者根據前者繼續進行思考，換言之，概念間有秩序的連續流動構成「思考鏈」，彼此相互連結，朝解決疑難情境的目標前進（姜文閔譯，民84，頁5）。

這項連續性的特徵證諸前述實用主義的認識論便是「經驗」概念的衍申，經驗的本體是連續和改變，由於經驗包含各種連結與連續性，因而更能使我們從經驗中學習社會的各項標準與規範，以指導未來的行為；因此，杜威強調經驗的根本形式就是實驗，同時導向未來，這種與未來的關聯乃是智力活動的基礎，藉經驗可以產生更理性的活動（楊國賜，民67，頁152）；反省思考法中所意涵的「經驗」概念與傳統經驗論的觀點大相逕庭，成為反省思考法中一項重要的假定，茲將二者間的差異列述如下（楊國賜，民67，頁149）：

1. 傳統經驗論主張經驗即知識；但杜威所意指的經驗卻是個體與環境交互作用的結果。

2. 傳統認為經驗受主觀意識所影響；杜威卻認為經驗是客觀世界對人類的影響後顯映在人類的行為上。

3. 傳統論點除現狀外，只承認過去；而杜威的經驗論卻指向未來，理論與實際的探究常關涉未來環境的可能性，了解並評估過去與現在的經驗，端賴預知未來的結果。

4. 傳統經驗論將經驗與思想視為絕對相反、互不相關的質素，將一切推理作用均視為超越經驗之外的運作；杜威的

新經驗論卻主張經驗中含有許多推論，任何一種有意識的
經驗都意涵推論的作用在內。

其次，思考通常不限於直接經驗的事物；亦即思維有想像力
的成分在，想像力充斥整個思考的階段，特別在暗示、假設、概
念層次；想像力的活動總是出現在反省思考之前，並爲嚴密的思
維作好準備。具想像力或創意的概念經常突破過去所用的假設來
尋求解決方案，往往因而導出新結論與意涵；想像力在解決方案
進行驗證時，爲了從諸多可能的解決方案中找出最令人滿意、能
解決困惑情境的一個方案，便會開始從概念層次回歸到具體、單
一、經驗過的事件上；據此，反省思考法的第一步驟——暗示
——出現的過程有想像力或直觀的因素在。

值得注意的是思考的產生乃起於個體經驗到的困惑情境，因
此，根據困惑情境所產生的暗示，雖有賴想像力，而這想像力卻
也非憑空出現，多少有個人過去的經驗因素爲憑藉。

想像力品質的支柱是分析與綜合的能力，這是屬於人類理性
的能力，在反省思考步驟中屬第二步驟。分析使困惑狀況分裂爲
許多組成成分，因而凸顯出問題的特徵；綜合則將每一個諸如此
類的特徵置入情境脈絡中，換言之，置入每一特徵與其他經過篩
選的部分之關係及與整體間的關係，分析與綜合的過程是互補
的；對選擇與描述問題所發生的情況或提出解決方案所在的情境
脈絡而言，分析與綜合的過程是基本的；不過，情境脈絡的範圍
相當廣泛，因而有必要進行相關資料的篩選，就杜威的觀點而言，
篩選的過程須具備想像力與判斷力。

進而言之，分析與綜合的工作促使個體將思考第一步驟所出
現的暗示作爲進一步思考的主導性概念，形成一種暫時性、試探

性的假設，據此假設進行觀察、收集更多資料與事實（姜文閔譯，民84，頁149），這個步驟的功用在釐清問題的性質，使第一步驟與第二步驟獲得某種程度的控制。

對於「觀察」的性質，杜威亦曾作過說明；他指出觀察活動的目的有三：第一，解決個體所遭致的疑難問題；第二，對觀察到的難以理解的特徵加以推測，並提出假設性解釋；第三，對暗示或概念進行驗證。觀察具有科學性質，在假設指導下的觀察才有價值（姜文閔譯，民84，頁228），觀察活動中之所以沒有產生理智的效果，是因為在觀察過程中沒有以需要加以確定或解決的問題作引導（姜文閔譯，民84，頁341）。據此論點，杜威並不認為研究始於觀察，這從反省思考第一步驟始於因問題而產生的暗示可以獲得證明；這一假定相當重要，使反省思考法成為有別於歸納法中「觀察先於理論」的論點。

反省思考中尚包含推理能力。狹義言之，推理是從已知的前提中演繹推論出結論或結果；在物理科學中，這類推理屬於數學的，但在所有種類的推理中，邏輯的意圖使其呈現相同的形式：「若P則Q」（Holmes, 1981:153）。推理時須秉持開放的心胸、擺脫偏見，願意考慮新概念，根據實據將新觀念付諸經驗的驗證，並透過實驗驗證的過程來檢視之，以揚棄無法接受驗證的假設；推理及以行動檢證假設分屬反省思考法的第四與第五步驟，杜威指出檢證假設後所得的結論是假設性或有條件的（姜文閔譯，民84，頁152），這暫時性結論是與過去及未來相關聯，釐清原本的困惑情境、解決問題，並在某種程度上預測未來；此一論點亦為反省思考法中重要假定之一，杜威雖著重假設的檢證，但卻視最後的結論為暫時性，隨時需要修正；這種論點證諸實用主義認識論實受相對論提出之後的科學哲學所影響，重視情境脈絡，故不

視結論爲眞理，並以保證確信度取代眞理一詞。

另外，杜威宣稱反省思考法是科學方法，其科學的成分爲何？杜威指出實驗的思考或科學的推論是一種分析與綜合相結合的過程（姜文閔譯，民84，頁267）；簡言之，屬於區分與鑑別的過程；如前所述，分析是將整體事實分解成獨立、可變的因素，如此可增加推論的肯定性；而後的綜合便是一種妥善應付新情況的能力，亦即將新穎或特殊的事實轉變爲普通或一般的原則，如此一來新奇異常的情境便能加以控制，進而作出解釋與預測。杜威進一步指出科學的方法由於相信對現有條件的理智控制能取得進步，因此顯映出對未來種種可能性的強烈興趣；換言之，採用科學的方法使「進步」的概念獲致保證。

總而言之，面對困境時，各種可能的解決方案立即浮現心中，杜威認爲解決辦法出現的過程是直觀的、非邏輯的（Holmes, 1965:33）；接著，進一步的反省包括分析思考的過程，以便從中明確形成解決問題的方案，這一階段引導研究者至與問題相關的某些特定的資料，從中形成周延的可行方案以提供驗證；驗證包括在相關因素的脈絡下從假設中邏輯演繹，而後將所作的預測與事實事件作一比較，預測與觀察事實間的一致性便提供一個假設的檢證、事件的解釋，並爲所面臨的困境提供一個成功解決方案與進一步行動的跳板；若預測與事實兩事件不一致，便駁斥了假設，但應再重新檢視整個反省思考的階段（Holmes, 1965:33）。

探討至此，我們已經對反省思考法及其理論基礎作了一定程度的剖析；由於霍穆斯將杜威反省思考法的五步驟整理成問題思考或分析、假設或解決方案的形成、情境脈絡的分析或條列、結果的邏輯演繹、實際檢證，成爲問題解決方法論中的五個步驟；因此，反省思考法及實用主義所意涵的重要概念與假定都爲霍穆

斯問題解決方法論中假定的一部分。

霍穆斯進一步衍申，以問題為導向的方式會對特定社會關係形成非常特別的疑問，指引反省者注意一般脈絡或一組情境之下的特定相關因素，以問題為基礎的任何比較研究之範圍均將因此窄化，且某些特定資料與問題均會納入考量；值得注意的是這種範圍的窄化並非表示某些資料天生較他類資料重要，也無意對問題形式或研究種類加諸任何預定限制，亦不會降低眾多社會因素相關的可能性；不過，問題本身決定何者相關，何者無關，亦有助於決定每一因素對問題及其解決方案之相對重要性。

另外，任何問題的假設或解決方案近似科學家所言的法則，從法則中可以演繹推理出未來事件，幾乎任何問題——特別是源自社會的，都有幾個可行的解決之道；事實上，每一方案代表一種政策的選擇，而負責採行政策的人均必然須面對這類抉擇；在這一階段有必要了解科學程序的限制並在決策時將之納入考量。

就問題解決方法論的步驟而言，包括兩種科學程序：(1)未來事件的邏輯演繹；(2)未來事件的實驗性檢證（Holmes, 1965：34）；這兩種過程在社會議題上相當難以展現，特別是檢證的過程更具爭議性，所有根據演繹所作的相關因素可能很難鑑定與衡量；再者，即使有可能亦不可能適當控制相關環境，因為政治與社會因素除非在一相當有限的範圍，實驗難在社會科學中施行；其三，社會政策許多成果常需多年後才會顯現，因此如自然科學般嚴謹的實驗徹底不可能；據此，問題解決法主張對社會與教育過程的了解來自成功的預測，而非如一些認識論者所言的透過前因的發現，因此歷史實據應被用來啟發當前問題，而非去建立先前的因果關係。

就這一觀點而言，社會科學處於兩項不利地位，第一，若有

可能，亦是相當難以列出所有與預測事件相關的條件或進行實驗；亦即，難以做到在嚴謹控制的條件下驗證預測的過程；第二，社會科學中缺乏可被接受的測量標準，換言之，評價的規準難達一致性。對於上述困難，霍穆斯的解決之道是在問題解決法中置入理論模式。

二、巴博的否證論與假設演繹法

諾貝爾獎得主艾克勒斯（John Eccles）在《面對實在》（*Facing Reality*）一書中寫道：「巴博的科學研究法影響我的科學生涯相當深遠，我採用巴博找尋基本問題、處理基本問題的方式來研究生物神經學」。天文學家龐第（Hermann Bondi）亦指出：「科學上沒有比方法學上更重要的課題，而方法學上沒有比巴博說的更清楚的」（周仲庚譯，民70，頁20）。

事實上，巴博是當代相當重要的思想家之一，他的思想乃以「否證」的概念為基礎而開展的。巴博的否證論應用至政治社會理論上，主要見於《開放社會及其敵人》與《歷史定論主義的貧乏》二書；書中強烈批判柏拉圖、黑格爾、馬克思等歷史定論主義者所主張的集權、靜態的烏托邦社會，進而提出本身開放、細部計畫式的社會工程學。

㈠巴博的社會論

預言論、整體論是巴博批判歷史主義的主要論點。巴博將歷史定論主義（historicism）解釋為一種社會科學的研究途徑；

這種研究途徑缺乏批判性反省，主張社會的發展過程是既定的，有法則可循，視「歷史預測」為其主要目標，並假定這個目標能透過發現歷史演進背後所隱藏的律動（rhythms）、形式（pattern）、法則或趨勢來達到（Popper, 1961:3）。巴博批評歷史主義者誤將預言等同於預測，將玄想當成真理，以為追溯人類的歷史可以發現歷史法則，並用來預測未來事件的軌跡；事實上，錯綜複雜的社會變遷意涵著諸多變數，在這種情況下，歷史主義者斷言有達致理想藍圖的普遍法則存在實在值得懷疑，因此，無論藍圖是否有實現的可能，邏輯上無法判斷它對歷史作了最正確的預測；這種預言式的社會決定論是歷史主義的主要特徵之一。

巴博對預測與預言之別曾舉例作過說明（Popper, 1961: 43）：(a)颱風即將來臨；(b)若某種形式的庇護所能抵禦颱風的話，則我們必須以特定方式建造，例如在該建築物的北方以鋼筋水泥加以強化。

(a)雖告訴我們應及時尋找庇護之所，不過僅僅限於陳述一個我們無力防止的事件，巴博稱之為「預言」；而(b)卻告訴我們可以採用哪些方式來防止颱風可能造成的災害，巴博稱之為「技術性預測」（technological prediction），這種預測提供一種計畫工程（engineering）的基礎（Popper, 1961:43）。巴博對二者的區分主要從實用的立場出發（Popper, 1961:44），巴氏認為典型的實驗科學如物理學所作的便是技術性預測；而歷史定論主義所追尋的歷史普遍法則毫無先前條件的限制、不具經驗內容，這種非實驗性的觀察可以解釋一切，不會被經驗事實所推翻，因此不可能達致技術性預測，僅僅屬於預言。

巴博贊成技術性預測，認為是計畫性工程的基礎，並以「細部社會工程」一詞來描述細部科技實際應用的結果（Popper,

1961:64）；就如同物理工程將目的（ends）置於科技領域之上一般，巴博認為「細部社會工程」一詞涵蓋公開與私人性質的社會活動，採用所有可得的科技知識，目的在實現某些目標；就此角度而言，細部社會工程不同於歷史主義所主張的人類活動的目的受制於歷史趨力且在局限於歷史領域之中。

　　就如同物理工程師以設計、改造機器為主要任務一般，細部社會計畫的工程師本著蘇格拉底「我知道我一無所知」的謙虛精神設計社會制度，同時重新建構既存的制度，一步一步審慎的將預期結果與已達致的結果作一比較；對於任何改革無可避免的非預期結果保持相當警覺性，亦不會從事過於複雜與範圍過於廣大的改革，以免無法處理因果關係。

　　相對於細部社會工程的是整體或烏托邦式的社會計畫，烏托邦式的全面社會工程根據「明確的計畫」改造「整體社會」（the whole of society）（Popper, 1961:67）；為達致全面、整體改造計畫，烏托邦社會工程師便控制歷史趨力以形塑發展中社會之未來，控制的方式包括阻止社會發展或事先預言歷史發展路線以要求社會配合。

　　巴博藉由指出細部社會工程與烏托邦社會工程的差異來抨擊歷史主義者所主張的全面性社會計畫的錯誤。巴博指出持烏托邦社會計畫主張者認為細部社會計畫過於保守不前，因而拒絕此種作法；然而，實際應用時，全面計畫本質上卻又陷於細部計畫的方式，而又缺乏細部計畫審慎與自我批判的精神（Popper, 1961:68）；原因是整體社會計畫的方式實際並不可行，因為社會發展、變遷的過程中不可避免會出現非預期之事件，再加上人類行為的不確定性，為烏托邦藍圖製造許多不可預測性，企圖進行的整體改變愈大，非預期的反彈愈大，一旦出現意外情況，烏托邦

工程師為達致所規劃的藍圖，會再臨時進行細部的權宜修正，企圖壓制所有變數，這種「非計畫性計畫」的權宜之計事實上具有集權與集體計畫的色彩（Popper, 1961:69），往往導致威權主義式極權專政的產生；換言之，細部社會工程師以開放的心胸、有範圍的改革來處理社會問題，而烏托邦社會工程師卻不然，因為他們預設全面性社會重建可行，對有條件限制的社會學假設懷有偏見而拒絕接受，因此違反科學方法條件性預測的原則；再者，社會問題往往牽涉人類因素的不確定性，烏托邦工程師不得不透過制度的力量來控制人類因素，為此，所要轉化的不僅是社會，還包括人民；所以，烏托邦工程師便構畫一個自認為適合人類的理想社會藍圖，再塑造人類使其符合該理想社會的標準，烏托邦社會中的個體並無自由意志，僅能按部就班，跟著既定藍圖走，所有不願居於該理想社會的人民均是尚不適合居於其中，其「人性衝動」需進一步組織，這種作法排除驗證該社會藍圖成功與否的可能性；但缺乏驗證程序的科學方法終將成為泡影，整體、全面社會計畫的研究取向不見容於真正的科學態度與方法（Popper, 1961:69）；柏拉圖哲學家國王式的理想國、黑格爾的集體部落主義、馬克思的無產階級社會等都是為人類未來所設計的理想藍圖。

進而言之，歷史主義者研究的並非社會某層面的發展，而是以「社會整體」（society as a whole）為對象，此一全體論的研究取向忽略整體（wholes）不可能成為科學研究的對象（Popper, 1961:74）；歷史定論主義者企圖指出事物的所有層面及其與外在因素間的所有關係（莊文瑞、李英明譯，民81，頁36），進而進行大規模、全面性的社會重建計畫，這種作法就方法學的角度而言並不可行；選擇特定層面作有範圍限制的研究或

實驗一直是科學研究的方式，若企圖以「全體」為對象，描述世界或社會整體，容易固著於玄想式的社會藍圖，為達目的而不擇手段，威權統治、極權主義便往往因而產生。因此，巴博從「個體論」的角度出發，提出細部社會工程，主張社會工程須從個體或制度著手，以理性批判的態度，漸進、溫和的方式小規模的改變制度，這種細部社會工程才能建設開放社會。

再就「變遷」的概念分析烏托邦全面社會計畫，柏拉圖在《理想國》中，悲觀的將社會變遷視為社會墮落或腐化的過程，因此，變動是罪惡的，靜止是神聖的；簡言之，柏拉圖心目中的理想社會是穩定、靜態或至少是個儘可能不變的社會（Popper, 1961:73）。黑格爾、馬克思雖未如柏拉圖般對變遷持如此消極的看法，但仍視社會的變遷非人力所能改變，人類僅能解釋變遷而無法計畫變遷；既然無法改變，人類應調整本身的行為、價值以配合變遷，換言之，人類要主動配合歷史而非歷史配合我們。

討論至此，可以簡要歸結巴博的社會論；首先，他反對社會的發展有歷史定論主義者所言的普遍、先天決定的歷史法則存在，事先構畫理想社會的藍圖，要求世世代代子孫遵循而行以達致該理想社會是荒謬的；對巴博而言，一個社會由於永遠處於變遷之中，或許存在某些發展趨勢（非歷史主義者所言的歷史法則），但這些趨勢具高度臆測性，以人類有限的知識根本不可能正確的掌握，因此無法作全面性定論；不過，巴博並未主張我們對未來是「完全無知」的，未來雖具不可預測性，但我們可以儘量臆測未來，而不可論定未來，前者是開放、客觀，後者是封閉、主觀的（周仲庚譯，民70，頁137）。再者，巴博承認社會進展有時確具重複性，但這種單面向的觀察並不見得一定能幫助我們預知社會未來的走向（Popper, 1961:110）。第三，既然沒有歷史發

展法則存在，再加上社會進展的不可預測性，烏托邦式的全面社會計畫便不可行；點滴社會計畫允許社會以細部、小規模的方式溫和漸進的改革，這種方式不規劃社會藍圖，主張人類影響、改變歷史，而非歷史改變人類或人類去配合歷史；值得強調的是巴博雖然推崇個人自由，但亦不支持自由放任式的無政府狀態，仍然肯定「政府是必要之惡」（government is a necessary evil），完全無政府實際上是不可能的（莊文瑞、李英明譯，民81，頁20）。

　　另外，巴博對社會進展持樂觀的態度（蔡坤鴻譯，民78，頁621），在〈我們時代的歷史，一個樂觀主義者的觀點〉一文中，巴博宣稱自己為樂觀主義者，不過這種樂觀主義並非十八、十九世紀自由主義者與理性主義者所言的樂觀精神；巴博抨擊自由主義運動假定真理是顯明的理論這種主張是天真且錯誤的，這種錯誤往往導致權威主義的產生；就巴博而言，真理難以來臨（蔡坤鴻譯，民78，頁636），一個自由、開放的社會由於不具權威性，亦無所謂絕對真理存在。自由世界以相互尊重為基礎，秉持理性批判的精神追求客觀真理（而非絕對真理）而更接近真理；巴博亦指出，我們並不知道未來真正會如何演變，但人類過去及這個時代的成就已指出人類未來所可能做到的，只要不斷從錯誤中學習，批判性地解決問題，人類的成就是會繼續進展的。

㈡巴博的個體論

　　巴博在《開放社會及其敵人》一書中探討柏拉圖集權主義的正義時，曾提出本身的個人論；巴博指出「個人主義」（individualism）一詞根據牛津字典有兩種不同用法，巴博將之列示如下

(Popper, 1966:99)：

1.(a) 個 人 主 義 (individualism) 相 反 於 (a′) 集 體 主 義 (collectivism)。

2.(b) 利 己 主 義 (egoism) 相 反 於 (b′) 利 他 主 義 (altruism)。

巴博的個人主義僅意指 (a′) 義；柏拉圖卻將個人主義解釋為 (b′) 義，個人主義等同於利己主義，集體主義等同於利他主義，如此一來，便爲柏氏本身所持的全體主義 (holism) 與集體主義的立場提供有利的論證，所以個體應致力於全體的利益，不論這全體是指全人類、城邦、部落、種族或任何團體；柏拉圖曾說 (Popper, 1966:99)：「部分爲全體而存在，但全體不爲部分而存在……，個體是爲全體而創造的，但全體非爲個體而造」。這段話顯示強烈的情緒訴求，要求個體隸屬於某團體或部落，個體若不能爲團體之故犧牲個人利益，便是自私 (Popper, 1966: 100)。

然而，據上述列示，集體主義並不相對於利己主義，亦非利他主義或不自私的同義語，階級的利己主義便是常見的例子，此亦顯示「集體主義」與「自私」二義並非絕對相反；另外，如前所示，一位反集體主義者便是個人主義者，同時亦可以是利他主義者，他可以爲幫助其他個體而犧牲自己，這就是巴博所謂的「個人主義」，並將之列爲開放社會的特徵之一。

由於對個體的重視，致使巴博反對集體主義者對個體的忽略與輕視，認爲集體部落主義所建構的是封閉的社會；而以修席底特斯 (Thucydides) 等這一代雅典人爲首的世代，充滿著理性、自由、博愛的精神——巴博稱之爲「偉大的世代」(great gen-

eration） （Popper, 1966:180） ，並謂爲開放社會的代表。修席
底特斯等人主張語言、習俗及法律等人文制度，並非禁忌而是人
爲的，非天生而是約定俗成的，人應對這些制度負起責任；同時
亦反奴役、反國家主義及反獨斷主義，提出理性保護主義。這些
人物中，巴博最爲推崇蘇格拉底（Socrates） ，蘇氏主張應忠於
人類理性，同時避免獨斷主義，換言之，科學的精神便是批判的
精神（Popper, 1966:180） ，巴博並摘錄德模克里特斯（Demo-
critus） 的話加以印證（Popper, 1966:180-181） ：

> 非出自於恐懼，而是出於正義感，所以我們應避免犯錯
> ……，德行最重要的一項特質是尊重他人……，每位個體都
> 是他自己的一個小世界……，我們必須盡所能的幫助那些遭
> 受不公平待遇的人……，所謂「善」 （good） 意指免於惡且
> 不作惡……，一個貧窮的民主生活遠較富有的獨裁君主專制
> 爲佳，就如同自由遠勝於奴役……，智者屬於所有的國家，
> 因爲一個偉大的靈魂歸屬於整個世界。

帕里克立斯（Pericles） 亦曾提出相似的論點（Popper,
1966:181） ：

> 我們的政治系統不以武力取勝……，我們的行政系統以
> 大多數人的利益爲主，這便是稱之爲民主制度的原因……，
> 我們所享受的自由亦擴及至日常生活中，但這種自由並不會
> 濫用而漫無法紀，我們尊重司法且保護受害者……。

又說（Popper, 1966:181） ：

> 我們的城邦是對世界開放的，我們從未驅逐他國人士

……，我們隨心所欲自由的生活，且隨時準備面對任何危險
……，承認貧窮並非不光彩的事，但若不致力改善之卻是可
恥的……，雖然只有少數人制定政策，但每個人都可以評斷
政策，我們並不認爲討論是政治活動中的障礙，反而是理智
行動前不可或缺的一環……，我們相信幸福是自由的果實，
而自由則是勇氣的果實……。

　　探討至此，可以簡要歸結巴博的個人論；首先，個人主義並
不意涵自私，更反對集體主義視個人爲無物的論點，巴博尊重每
一個有生命的個體；再者，人是社會的主體，擁有選擇、決定的
自由，但也要爲所做的決定負責；其三，秉持蘇格拉底「我知道
我一無所知」的智識謙虛，承認個人能力的限制及言行的易誤
性，對政府政策或社會活動進行自由討論與理性的批判，在「我
可能錯，你可能對，經過努力，也許我們可以更接近眞理」的信
念下，逐步走向更開放的社會。

㈢巴博的知識論

　　否證的概念表現在知識論上則承認人類認知方面否證的可能
性，不認爲有所謂最終知識或普遍眞理的存在；因此，所有的知
識或理論均爲假設、暫時的，應隨時準備以理性批判的精神加以
否證，愈具經驗內容、否證性愈大的知識便愈具客觀性與科學性；
巴博主張科學知識便是在不斷的批判、否證及驗證的過程中成長
的。

　　巴博的認識論主要包含進化與經驗兩個概念；就進化的概念
而言，在《客觀知識：一個進化論的研究》一書中，巴博指出知

識的增長十分近似達爾文所謂「自然選擇，適者生存」的過程（程實定譯，民78，頁335），從阿米巴到愛因斯坦，知識進展的過程總是相同的——在解決問題的過程中，就如阿米巴或愛因斯坦一般不斷嘗試錯誤、消除錯誤，淘汰不適當者，獲取最能解釋既有事實的知識；簡言之，巴博的知識論與進化論相結合後，問題解決是最主要的活動；否證論首先始於解決問題的企圖，而後提出假設、驗證假設，並儘量加以否證，再度提出新假設，科學知識便是在這種不斷驗證、否證的過程中進步、成長。

巴博對問題解決的過程曾提出一個圖式（程實定譯，民78，頁155）：

$$P1 \rightarrow TS \rightarrow EE \rightarrow P2$$

P1：起始問題

TS：嘗試性解決方案

EE：錯誤消除的過程

P2：導出新問題的情境

此一序列表示，問題P1產生後，我們據此提出一個嘗試性解決方案TS，由於其易誤性，因此必須經過消除錯誤的過程EE，排錯之後所產生的新問題P2屬於新情境的結果，並不同於前一個問題P1；因此，基本上這序列不是循環的（程實定譯，民78，頁313），而是一個回饋的過程，即使嘗試性解決方案全盤失敗，還是學到一些新知識。

巴博進化的知識論尚包含經驗的概念；傳統的歸納法主張科學家的任務在描述這個世界或然率最高的命題（周仲庚譯，民70，頁35），巴博依舊運用其否證的概念來推翻歸納法此一主張，再以前述「颱風即將來臨」此一命題為例，即使颱風幾萬年以後

都沒來臨，我們亦永遠無法證明此一命題爲假，因爲颱風總有一天「將」來臨，諸如此類的命題或然率相當高，但卻缺乏經驗內容，巴博指出這類與經驗世界毫無關涉的預言式命題並非科學家所追求的，科學家的任務在尋求能傳達高度經驗內容的命題；經驗內容愈多，或然率愈低，可否證性卻愈大，同時命題的客觀性與科學性愈高；因此，「颱風即將來臨」此一命題若改成「明天下午五點鐘颱風將於恒春東南方登陸」，其中所傳達的經驗內容大爲提高，可否證性亦同時增加，這才是巴博所贊同的技術性預測，亦爲科學家所追求的客觀知識。

析言之，科學家在不斷追求更接近眞理的過程中，所發現的暫時性理論一方面除了能解答原先的問題外，另一方面亦必須符合已知的經驗或觀察；不過，假使同一個問題有一個以上的理論均符合上述要求，我們應選擇經驗內容較豐富的理論，因爲其所傳達的訊息較多，亦經過較嚴格的驗證，因而具有較高的確證度（degree of corroboration）（周仲庚譯，民70，頁42）；換言之，若同一個問題有兩個暫時性理論$T1$、$T2$，由$T1$邏輯推導出$T1：P1 \quad P2 \quad P3 \cdots\cdots Pn$，而$T2$則爲$T2：P1 \quad P2 \quad P3 \cdots\cdots P'1 \quad P'2 \quad P'3 \cdots\cdots Pn$，則我們應選擇$T2$，因爲$T2$的經驗內容及可否證性均較$T1$高（周仲庚譯，民70，頁43）。

值得注意的是，巴博雖主張知識的追求是不斷接近眞理的過程，不過亦強調沒有絕對的知識存在；就巴博而言，知識本質上都屬暫時性，科學中沒有恆久成立的知識，亦無顚撲不破的眞理，知識永遠有修正的可能；人類在追求知識的過程中只是趨近眞理，但永遠不知是否已經掌握眞理；因此，所謂「眞理」，對巴博而言，僅意指「趨近眞理」。再者，所謂「確證」（corroboration）是巴博提出來以便與邏輯實證論者所倡的檢證作區別；不

過，二者的差異在邏輯涵義方面，實際進行操作時，其程序還是相同的──均是驗證一個命題與經驗是否相符（周仲庚譯，民70，頁44）。

㈣巴博對歸納法的主要批判

事實上，否證論是巴博揚棄傳統科學觀，批判歸納法的謬誤而另行提出的理論。以個例觀察的累積爲基礎，形成普遍性命題，稱爲歸納法；巴博指出科學的研究非如歸納法所言始於觀察或資料的收集，而是如前述始於某一待解決的問題，此一問題再引導研究者對特定資料產生興趣（Popper, 1961:121）；簡言之，理論（或假設）乃先於觀察，巴博並以水桶與探照燈爲例，說明二者的差異；巴博將歸納法的主張比喩爲水桶理論，該理論意指我們與觀察對象接觸前，心靈如一個空水桶，直至透過感官將觀察對象所得的感覺經驗納入心靈，換言之，水桶理論便是主張通過感官不斷將外部的事物像水一般裝入桶中，這種觀察先於理論的論點爲巴博所反對；巴博將探照燈比喩爲理論或假設，爲觀察對象與觀察者視覺經驗中間的一個中介，亦即當我們進行觀察時，並非直接與觀察對象接觸，而是通過探照燈來將觀察對象顯映出來，換言之，假設引導觀察──這是巴博一直致力提倡的觀念，亦是對歸納法的主要批判之一。

其次，歸納法主張科學知識便是實證知識累積的總和，知識的進展便是不斷將新的實證知識加進已有的知識體系中；對此休模曾質疑：不論累積多少個例觀察的命題，皆無法從中合邏輯地導出一個完全普遍性的命題（周仲庚譯，民70，頁13）；巴博從邏輯的角度指出實證與否證間邏輯的不對稱，解決休模的難題；

以「所有的天鵝都是白的」此一全稱命題為例,巴博指出無論觀察多少對白天鵝,還是無法從觀察命題中邏輯導出「所有天鵝都是白的」此一全稱命題;但只要見到一隻黑天鵝,邏輯上便可導出「並非所有天鵝都是白的」此一命題,因此,就邏輯角度而言,經驗的通則化雖不可以完全實證,卻可以完全否證,此表示科學法則雖無法證明,卻可以驗證、有系統的加以駁斥;不過,就方法學方面而言,因涉及經驗觀察可能的誤差,便不能要求完全否證的成立(周仲庚譯,民70,頁17)。

據上述對否證論的探究,可以對問題解決方法論另一個認識論假定——假設演繹法——的理論基礎有一定程度的理解;接著,我們將據此對假設演繹法進行探討。

㈤巴博的假設演繹法

針對歸納法的缺失,巴博在《歷史主義的貧乏》一書中宣稱無論是自然科學或社會科學,都使用同一種科學方法,這種方法便是假設演繹法(Popper, 1961:130)。假設演繹法提供一個演繹式的因果解釋系統,並透過預測的方式進行驗證,因為所驗證的任何科學命題均屬於暫時性假設,無絕對確定性,因此又稱假設法(Popper, 1961:131)。

假設演繹法包括普遍法則、起始條件及單稱命題三種成分;我們探討否證論時已經指出巴博主張理論先於觀察,該論點證諸假設演繹法中可以發現其第一步驟為普遍法則(假設)的提出,這是假設演繹法最重要的假定;值得注意的是,巴博認為普遍法則的提出有可能來自前一個遭否證後所產生的新問題,亦有可能來自直觀,該論點與杜威不謀而合,這部分本研究會在第三節時

作更詳細的比較。

再者，據巴博論點，普遍法則配合起始條件演繹出一單稱命題，基於否證的原則，該單稱命題是暫時性，須儘量予以否證；此一假定亦與杜威見解略同，二者間的差異僅在杜威從檢證的角度著手，巴博則著重否證的方式。

假設演繹法對特定事件進行因果解釋時，是從普遍法則配合起始條件，邏輯推演出一個解釋該事件的單稱命題 （Popper, 1961:122）；單稱命題如果與事件符合，則由普遍法則與起始條件組合起來的前提便可解釋該事件；此時，起始條件便稱之為這事件的「因」，單稱命題所描述的事件便稱為起始條件所導致的「結果」（Popper, 1959:60）。

例如，當我們在一條僅能負重一磅的線上給予兩磅的重物，結果該線斷了；對該現象進行因果解釋時，可以發現兩種不同的因素：(1)我們對普遍法則的特質作了一些假設，以該例而言便是「當某條線承受的張力超過其最大限度時，該線會斷」；(2)我們對問題中的特別事件假定一些特定命題（起始條件），以該例而言便有兩種起始條件——「對該線而言，其會斷裂的最大張力是一磅」、「我們在該線上置兩磅的重物」；根據前述，我們可以將之合成一個完整的因果解釋，亦即：(1)具自然法則特質的普遍命題；(2)與特殊情況相關的特定命題或起始條件，然後，我們藉由起始條件的幫助，從普遍法則中演繹出第三項特定命題；(3)該線會斷裂，第三項命題亦可稱為特定預測 （Popper, 1966, vol II: 262）；起始條件為該事件的「因」，而預測為「果」，以該例而言便是「在承載力一磅的線上給予兩磅重物是該線斷裂的原因」。

從上例的分析可以了解，我們不能以絕對的方式來談因果關

係（Popper, 1966, vol II:262），因為一事件之所以為另一事件的因乃相對於普遍法則而言；再者，當我們採用某一理論來預測特定事件時，另一方面亦以該理論對某事件作了解釋，而且既然我們將所預測的事件與觀察所得的事件作比較以驗證該理論，則亦顯示出理論被驗證的過程；換言之，預測、解釋及驗證乃三面一體（Popper, 1966, vol II:263）。

進而言之，巴博指出科學研究關心的是解釋、預測及驗證，不過解釋、預測及驗證三者間並無邏輯結構上的差異，端賴問題情境或研究目的的不同而不同；倘若預測非我們的目的，而是著重尋求起始條件或普遍法則時，我們是在找尋一種解釋；若普遍法則與起始條件已經指定，且我們僅僅將之用來推論出預測結果以便獲取一些新資訊，則我們乃試圖進行預測；若我們認為普遍法則或起始條件其中任一種前提有問題，且預測結果亦需與經驗事實作比較，則我們是在對有問題的前提進行驗證工作（Popper, 1961:133）。

事實上，巴博根據假設演繹法三個成分對解釋、預測及驗證所作的說明亦可進一步將之用來分類科學領域。巴博將科學領域區分成理論科學、歷史科學及應用科學；理論科學的主要興趣在發現與驗證普遍法則或假設（Popper, 1961:143），屬單稱命題的起始條件，因為邏輯上具有較大的確定性，因此成為驗證普遍假設的真假值，並非我們關心的對象；換言之，就理論科學而言，若演繹出來的單稱命題與特殊事件不符，則整個論證的前提（包括普遍法則與起始條件）便被否證了，但是因為起始條件非理論科學的關注重點，所以當整個論證前提面臨否證時，首先必須考慮將普遍法則否證。

歷史科學則視普遍法則為理所當然，而著重在發現與驗證單

稱起始條件（Popper, 1961:144）；當歷史科學欲知起始條件的
真假時，便將假設的起始條件，配合一個已為我們理所當然接受，
且不太有興趣探討真假的普遍法則，邏輯推演出一個單稱命題，
若通過驗證則暫時為真，否則便為假。據上述，理論科學關心假
設中的普遍法則，而歷史科學關心的是假設的起始條件，二者的
差異主要來自研究者進行研究時關心對象不同所造成的差異。

　　至於應用科學，巴博指出其興趣在預測特定事件，普遍法則
是達致預測目的的工具而將之視為理所當然（Popper, 1966,
vol II :263）；應用科學關心的對象不在普遍法則，亦不在起始條
件，而在推導出來的結果，我們使用已被我們所接受、而不太有
興趣探討真假值的普遍法則與起始條件，進行邏輯預測，再依循
這些預測去解決我們所要解決的問題。

　　另外，細部社會工程在巴博的分類中屬於應用科學領域；巴
博認為細部社會工程師的任務在設計社會制度，並重新建構與運
作既存的制度（Popper, 1961:64），細部社會工程師從功能性或
工具性的觀點，將社會制度視為達致特定目的的手段（Popper,
1961:65）；這意指點滴社會工程主要興趣在應用普遍法則，配合
起始條件推演出有助於解決問題的方法；當我們準備對某個社會
制度進行改革，必須採取溫和的改革方式，先從局部之處著手，
一開始必須選定一個局部的改革目標，並且選定改革所要依循的
普遍法則，這法則是從一個已被建構好的理論模式中找到已被我
們所暫時接受為成功的社會科學理論（Popper, 1961:135）
──這個論點指出理論科學與應用科學二者間的連結；應用科學
所要應用的理論（普遍法則）可以從理論推演而得，也可以從經
驗的累積而得；就巴博的觀點而言，點滴社會工程的普遍法則若
從理論而來，則從一套已為我們所接受的理論開始推導，這推導

及理論本身都是理論科學的研究成果；若普遍法則是從經驗累積
獲得，必然是對所觀察的對象提出假設，再使用假設演繹法加以
驗證，此為理論科學的研究程序，因此點滴社會工程所應用的普
遍法則來自理論科學的研究成果（張忠宏，民84，頁183）。

　　簡言之，假設演繹法包含普遍法則、起始條件及單稱命題三
種成分，巴博從這三種成分中定義出理論科學、歷史科學及應用
科學三種科學領域，這在問題解決方法論中的意涵將於第三節進
行分析。

三、本章總結

　　根據前述分析，我們可以分就杜威的實用主義與巴博的否證
論、反省思考法與假設演繹法兩部分對問題解決法的假定作一簡
要的歸結。

㈠從社會論的角度檢視方法論的理論基礎

　　首就社會層面分析實用主義與否證論。實用主義的核心概念
之一是變遷的概念，杜威等實用主義者對變遷持肯定的態度，認
為變遷一方面提供進步的機會、預示美好的未來，另一方面亦意
涵了須進行某種程度的修正以適應變遷，解決隨變遷而出現的社
會問題；這種對變遷的正面看法致使杜威等實用主義者無法贊同
柏拉圖對變遷的消極論調，抨擊柏拉圖將變遷視為腐敗、墮落過
程是錯誤的。相似於杜威對變遷的見解，巴博在《開放社會及其
敵人》一書中亦對柏拉圖、馬克思等歷史定論主義者大加批判，

認為柏拉圖視變動為罪惡，靜止是神聖，並企圖維持穩定、靜態或至少是個儘可能不變的社會，這種作法是開放社會的敵人；而黑格爾、馬克思雖未如柏拉圖般對變遷持如此消極的看法，但仍認為人類僅能解釋變遷而無法計畫變遷；對巴博而言，一個社會由於永遠處於變遷之中，因此具有高度的不可預測性，人類無法如馬克思等人所主張的發現歷史發展的普遍法則，不過，卻可以採細部社會工程的方式進行點滴、計畫性的社會改革。

再者，杜威肯定社會變遷，認為既然無法阻止變遷，應採民主、計畫的方式導引社會變遷；而杜威所主張的社會計畫屬於點滴、細部式的改革方式，反對全面、集體的社會計畫，同時亦不贊成無政府狀態的自由放任主義。杜威的觀點顯而易見的與巴博大力倡導的細部社會工程不謀而合；細部社會工程主張設計社會制度時，一步一步審慎的將預期結果與已達致的結果作一比較，亦避免從事如烏托邦社會工程所主張的全面計畫般過於複雜與範圍過於廣大的改革，以免無法處理因果關係。

另外，杜威等實用主義者對十八、十九世紀培根以降絕對進步的樂觀精神持保留的態度，並將之轉化成一種較保守、相對的樂觀主義；相對的樂觀主義雖相信人類具有控制命運的能力，且理性的人類能改善社會，但認為社會變遷時有改變——有時前進，有時後退，不可能永遠處於進步的狀態。巴博亦有相似的看法；巴博宣稱自己是位樂觀主義者，但抨擊十八、十九世紀自由主義與理性主義者「真理是顯明的」的主張是天真且錯誤的過度樂觀，他提出批判的理性主義，主張藉由理性批判的形式逐步接近客觀真理。

㈡從個體論的角度檢視方法論的理論基礎

次就個人層面而言，杜威將個體視爲是與自然環境保持交互作用的有機體，具有主動性，因此在適應環境的同時，能進一步塑造環境；同時，面臨抉擇時不盲從外在權威，能運用本身思考解決問題。巴博的個人主義將個體視爲社會的主體，尊重個體選擇、決定的自由，但也要求個體須爲所作的決定負責。

㈢從知識論的角度檢視方法論的理論基礎

至於知識論的層面，實用主義的知識論受達爾文進化論的影響甚深，強調經驗性、實用性的知識，反對傳統知識論所謂最終、涵蓋一切的知識，主張知識是透過經驗不斷改造、繼續發展的。檢視巴博的知識論與杜威的觀點亦無扞格之處；巴博在《客觀知識：一個進化論的研究》一書已明確指出本身的知識論乃植基於達爾文進化論，主張知識的進展近似達爾文所謂「自然選擇，適者生存」的過程，是透過不斷嘗試錯誤、消除錯誤、解決問題的過程中成長的；另一方面，巴博主張經驗性內容愈多的知識愈是客觀的知識，這觀點亦顯示經驗性知識在巴博的知識論中占有一席之地。

我們在探討科學哲學的發展時，曾經指出杜威等實用主義的知識論追本溯源實可至邏輯經驗論或邏輯實證論；而無論是邏輯經驗論或邏輯實證論，其論點基本上屬於愛因斯坦提出相對論之前的科學哲學，所採用的科學方法均爲歸納法，追求絕對、普遍的法則，著重檢證；杜威雖亦採檢證的方式，但就如前文所探討

的，杜威的實用主義受愛因斯坦相對論提出後的科學哲學論點影響，強調情境脈絡的重要性，因此杜威雖主張檢證，卻主張以反省思考法作爲科學方法，且另行提出保證確信度以取代傳統所謂的「眞理」，並據此凸顯情境脈絡的地位。

另一方面，巴博當初是以批判邏輯實證論的論點而普受注目的，並爲反對邏輯實證論檢證的主張，而提出「確證」以示區別；雖然如此，巴博的否證論無可否認的亦屬於相對論之後的科學哲學論點，與杜威均同樣反對有所謂「眞理」存在，亦強調沒有絕對的知識存在；就巴博而言，知識本質上都屬暫時性，需要不斷修正、否證、再修正，這與杜威反省思考最後一個步驟——繼續觀察試驗以檢證假設是否成立，之後再發現問題，再檢證——的主張並無扞格之處；事實上，就如前述，檢證與否證二者差異僅在邏輯涵義方面，實際進行操作時，其程序是相同的，巴博從否證的角度入手，杜威則主張檢證，立論方式不同，精神卻是相通的。

根據上述從社會、個人、知識三個層面對杜威實用主義與巴博否證論所作的比較、分析可以發現二者並無不相容之處，換言之，將二者納入問題解決方法論中成爲理論基礎不但豐富方法論的內涵，更爲衍申自實用主義與否證論的認識論假定——反省思考法與假設演繹法提供基本的融合條件。

(四)反省思考法與假設演繹法的比較

再就反省思考法與假設演繹法進行比較、剖析；反省思考起於困惑情境，爲釐清問題，便開始反省思考，進而根據問題情境的提示或暗示提出解決方案；與假設演繹法相較，反省思考法中

提出解決方案的步驟相當於假設演繹法中普遍法則的形成，巴博對普遍法則的形成除了主張從既有理論而來之外，亦認為可以來自創造性直觀，與反省思考法「暗示」的假定不謀而合；再者，反省思考法中主張收集資料時以假設作為引導，這與假設演繹法中理論先於觀察的論點相同。

如前所述，杜威相當重視情境脈絡，反省思考法的第三步驟就假設演繹法中所用的術語便是起始條件；而前者第四步驟中根據假設進行推理，所謂「推理」意指從已知的前提中演繹推論出結論或結果，亦即「若P則Q」，據此而論便是假設演繹法中邏輯演繹的過程。

根據上述簡要的比較，可以發現反省思考法與假設演繹法可互相融合，前者第二至第四個步驟恰為假設演繹法整個邏輯演繹程序，只是至第五步驟時，反省思考法著重檢證，假設演繹法則傾向批判性否證；而且，所提出的假設性解決方案至第五步驟時若遭否證，則重回第一步驟，更深入分析問題，若預測結果與事實比較之後無誤，則暫時接受該方案，同時進行細部計畫性教育改革。

霍穆斯之所以將假設演繹法納入問題解決法五步驟中，一方面藉由引進假設演繹法的批判性成分至計畫程序中來改善教育計畫，另一方面亦據此對比較教育領域與比較教育學者作一定位。我們曾經指出解釋、預測、驗證在假設演繹法中實為三位一體，僅視研究者關心的對象不同而有所不同，並且根據解釋、預測及驗證可再進一步將社會科學區分成理論科學、歷史科學及應用科學；霍穆斯指出比較教育學者所能展現的功能應根據巴博對解釋、預測、驗證的區分，霍穆斯更從巴博的區分進一步的將比較教育分為「純粹社會科學」（通則化的社會科學）與「應用社會

科學」；一般而言，此一區分端賴比較教育學者作爲「理論科學家」形成政策、驗證政策以便消除最不可能成功的方案時的程度，及作爲「應用科學家」接受政策、建議政府付諸實行的益處、告知特定政策施行時所將導致的成果（好或壞）時的程度（Holmes, 1981:49）。

進而言之，假設演繹法的必要條件滿足比較教育對具預測力的一般理論（假設）與對描述國家或地方環境（特定起始條件）的需求；霍穆斯將教育法條與國家政策的原則視爲能置於批判之下的假設性解決方案，而該國教育及其相關的政治、經濟、社會層面的基礎架構之系統性描述，則與巴博假設演繹法中「起始條件」相對應。

比較教育學者的任務除了將提出的政策置於批判性的檢驗中，以消除那些無法在特定國家中運作的政策，尙應顯示採用某政策的結果，或說明政策施行的方式；解釋、預測、驗證間的區分因此促使比較教育學者在扮演理論科學家與應用科學家時的社會功能定義得更爲精確。

霍穆斯指出比較教育學者若因爲審慎分析問題而發現新穎的政策（形成新假設）或因此能更適切的描述發生問題的國家情境，便涉入形成決策的計畫程序之中，這種計畫程序符應假設演繹法中的「解釋」（Holmes, 1981:52），政策形成是理論性比較教育學者的任務——其被要求提出施行時能達致既定目標的決策，若這些決定或政策是科學而非假科學的，則應以一種能接受驗證或駁斥的方式陳述，此意味著這些決定應以功能性命題或社會學法則的形式陳述。

面對獲經採用的政策，比較教育學者可以展現兩種功能：第一，在已知的國家情境之下，預測政策施行的結果；其二，嘗試

建議達致既定目標最好的方法。這兩種功能，由於假設性命題（普遍法則）與起始條件已知，比較教育學者藉由提供額外有助於政策成功的資訊來履行作為應用科學家的責任。

愛因斯坦提出相對論後，情境脈絡的重要性為許多研究者所重視，霍穆斯指出這對比較教育的意涵是採用任何政策之前，應對該國（或地區、當地）進行徹底的分析與描述，解決方案的成功與否與該國的起始條件實有重大的關係。為達此要求，比較教育學者必須尋求諸如人種學、社會學、政治經濟學、社會心理學等許多相類科學的輔助，獲取文化地區、主權國家更細部性的調查。

一個有趣的問題是霍穆斯將比較教育區分成理論社會科學與應用社會科學，他本身對這二者的態度是否有輕重之別？霍穆斯在著作或文章中並未明言，不過就其行文脈絡及其對預測、教育改革的重視或可稍加推測，霍穆斯本身較傾向比較教育作為應用科學的角色；霍穆斯早在一九六五年提出問題解決法時，便指出比較教育一方面是教育改革或計畫性發展的工具，另一方面亦為獲取理論知識的研究方法；前者是實用的目的，亦為比較教育作為應用科學應有的任務，後者為知識的目的，是比較教育作為理論科學所扮演的角色；而後在〈問題解決法與民族性〉（"The Problem-solving Approach and National Character"）一文中，霍穆斯又指出比較教育學者扮演理論科學家與應用科學家兩項任務的關鍵在預測的能力（Holmes, 1971:30），就巴博根據解釋、預測、驗證所區分出來的理論科學、應用科學及歷史科學，著重預測的是應用科學；因此，霍穆斯對問題解決方法論或比較教育的最終期許仍著重於細部計畫性教育改革，畢竟理論科學是為應用科學而存在的，知識若不應用於實際，就世界改善論的觀

點而言是無意義的。

　　不過，霍穆斯卻因採用「預測」、「法則」等詞而遭歸爲完全決定論者，筆者試圖在此作一初步澄清，該爭議在以下各章會再作進一步探討；首先，「預測」、「法則」之所以具爭議性主要因爲馬克思等完全決定論者企圖追溯過去歷史，以「預測」歷史普遍「法則」，同時巴博亦針對歷史定論者所主張的「預測」與「法則」的論點大肆抨擊；因此，霍穆斯使用這兩個語詞時便顯得相當敏感。事實上，無論是實用主義或否證論都是屬於相對論之後的科學思想，反對追尋普遍法則，重視情境脈絡，問題解決方法論既以實用主義與否證論爲基礎，再加上點滴社會工程在其中的地位，霍穆斯根本不可能企圖作無條件限制的預測，亦不會尋求完全決定論所謂的「歷史普遍法則」；再者，完全決定論者往往事先規劃一個社會藍圖，據此找出達致此藍圖的普遍法則，霍穆斯從未有此論點或企圖，他之所以將點滴社會工程納入問題解決法中，目的便是希望進行教育改革的方式是細部、漸進的；因此，將之歸爲完全決定論者實非事實。

第八章
方法論的理論模式

　　資料收集與分類的方式長久以來一直有不同的見解，難獲致共識，尤其是比較教育領域，因涉及國別與起始條件的差異，資料收集與分類工作愈形困難、複雜；再者，六〇年代方法論的探究熱潮將比較教育帶入科學研究時期，對科學與科學方法的爭議促使比較教育學者重新檢視資料收集與分類在研究中的角色，重新探討應從「前因」或應從「所預測的事件」的角度進行解釋，並且重新反省自然法則和社會法則是具有普遍效度或僅為暫時、偶發的；無論如何，系統的收集與分類資料是科學方法的一部分。

　　身為比較教育科學研究時期的代表人物之一，霍穆斯一直試圖將比較教育建構成為一門具指引力量的教育科學以便進行教育改革；在教育科學化的理念下，資料的客觀性、測量的工具成為霍穆斯設計模式時主要的考量；不過，社會科學不能如自然科學般無須考慮道德責任，便藉由控制性實驗及量化的測量方法、工具來處理資料，再加上比較教育領域常須進行跨國研究，為提高跨國測量工具的效度，霍穆斯設計了以巴博批判二元論為基礎的理念型模式（或稱理性構念，rational constructs），採概念分析的方式分類、操作資料，藉此一方面簡化大量具爭議性的資料，

一方面促進跨國比較研究的構念效度（construct validity）。

事實上，霍穆斯採用批判二元論除了作為概念分析的架構外，尚企圖以批判二元論中的規範法則與社會學法則統整比較教育實證主義與現象學長久以來的爭議（Holmes, 1981:76）；檢視比較教育的發展史，比較教育中反實證的主流──相對主義與現象學二者長久以來與實證主義的爭議一直難取得焦點，這種相左的立場所呈現的不僅是對現象詮釋方式無可妥協的差異，更使「比較」究竟有無可能遭致很大的質疑，危及比較教育本身的存在；體認兩派歧異的論點所造成的危機，霍穆斯試圖以批判二元論中的規範法則建構一個規範類型來描述真實的世界，此一作法目的在迎合相對主義的衝擊，避免落入相對主義過於注重殊異性的窠臼；另外再以批判二元論中所揭示的社會學法則建構一個制度類型以迎合實證主義的衝擊，避免實證性（楊國賜、楊深坑主編，民81，頁16）。簡言之，霍穆斯試圖以理論模式改善比較教育資料收集與分類的方式，同時解決實證主義與現象學間的爭議。根據第七章對問題解決法認識論假定的探究，可以了解以反省思考法與假設演繹法融合而成的問題解決五步驟，強調諸如研究始於問題的審慎分析、假設性解決方案可以以非邏輯的方式形成、預測與檢證過程的未來性、驗證程序須是邏輯且為經驗性的（Holmes, 1973:48）等假定，這些假定均關涉理論模式的設計。因此，本章首先從科學哲學的角度探討理論模式的基礎──批判二元論，一方面闡明問題解決法概念分析架構的要義，一方面釐清霍穆斯與金恩等比較教育學者在批判二元論上見解的歧異；其次，則闡明霍穆斯採用社會變遷理論的用意及社會變遷理論對問題分析的用途；最後，則剖析霍穆斯為分類、簡化資料所設計的包括規範類型（normative patterns）、心態類型（pattern of mental states)、制度類型（institutional patterns）及自然環境類型（natural environment or physical world）的社會資料分類系統。

一、批判二元論

在問題解決方法論中，霍穆斯為了簡化大量具爭議性的資料，並提高每一個步驟操作過程的精確性，特別設計一個可以鑑定與分析問題的理論模式，該模式的概念架構是以巴博在《開放社會及其敵人》一書中所揭示的批判二元論為基礎；對霍穆斯而言，批判二元論不僅完整考慮了人們對本身所預備接受的信念與價值的責任，同時亦考量了人們對所設立與運作的制度之責任；再者，就分析的目的而言，批判二元論區分出傳統的社會世界與依近似法律命題運作的制度性社會世界二者間的差異（Holmes, 1981:76-77）；霍穆斯根據批判二元論加以衍申而出的資料分類系統，對於解決實證主義與現象學之間的爭議、分析問題、起始條件的描述及假設性政策解決方案的形成與運用均有一定程度的益處，據此，批判二元論在問題解決法中實占有相當重要的地位；不過，霍穆斯對巴博批判二元論所作的詮釋不為一些比較教育學者如金恩所贊同，往往遭致攻擊與誤解，因此，筆者擬從科學哲學的角度，根據《開放社會及其敵人》一書中，巴博對批判二元論所揭示的論點來探討其主要假定，並將之與霍穆斯的詮釋作一對照，期能一方面釐清爭議，一方面藉此探討對問題解決法資料分類系統提供一個了解的基石。

㈠巴博所主張的批判二元論主要論點

在《開放社會及其敵人》中，巴博以批判二元論來區分封閉社會與開放社會；批判二元論中之「二元」意指植基於人為約定或決定的規範法則，以及超越人為力量的自然規律二者，一旦我們能了解二者間的差異並加以描述時，便達致批判二元論的階段（Popper, 1966:60），亦表示該社會已具備開放社會特徵，否則便屬於「素樸一元論」（naive monism）的封閉社會。

巴博指出這種約定與自然二元的區分始自希臘哲人派普達哥拉斯時代，以普氏為首的哲人派當時便已經認知到人們對社會環境中的特殊事實往往有將之視為「自然」的強烈傾向，因而將生活中的禁忌、法律、習俗視為如同旭日東昇、四季運行等自然規律運作時的必然現象（Popper, 1966:57），這種不區分規範法則與自然法則的階段便是巴博所謂的「素樸一元論」，原始部落或封閉社會便具備這種特徵；因此，普氏主張區分自然環境與社會環境，對其間的差異發展出一種理論性的了解。

據巴博的定義，描述日月星球的運行、季節替換的法則稱之為自然法則，其為一種嚴謹、不變的規律，這種法則若在自然界中成立，則該命題為真，反之為假；若我們不知道自然法則的真假，便經常將這種具不確定性的法則稱之為「假設」（hypothesis）；自然法則是不變且毫無例外的，當出現與自然法則矛盾的現象時，並不代表該自然法則出現例外或需要修改，而是表示我們的假設遭致駁斥，因為其所假定的嚴謹規律並不成立，換言之，該假定的自然法則並非一個真正的自然法則，而是一個假的命題（Popper, 1966:58）；據上述，巴博所定義的真正自然法則是無

可更改，因而也無法打破或加以強迫，雖然可能因科技上的目的而為人類所用，或人類因不了解該法則而招致麻煩，但自然法則是超越人類的控制之外。

　　另一方面，諸如國會議員選舉程序法、雅典憲法等指引行為的規範、禁令或規則等，巴博稱之為「規範法則」；不同於自然法則，規範法則不論是合法的法令或道德戒律，都是由人們制定，因而亦可修改，通常以好壞、對錯、接受或不接受等語詞來描述，由於規範法則的制定在指引我們的行為而非描述事實，因此只有在隱喻時才能稱之為「真」或「假」；最重要的一點，規範法則只有在可被違反、拒絕的情況下才有意義（Popper, 1966:58），以「不要超支你所擁有的金錢」及「不要取超過你口袋中所有的錢」二例作說明，前例或許具某些道德或法律的意義，但因有被違反的可能，所以是有意義的規範法則，後者或許亦可稱之為規範法則，但因無違反的可能，所以並不屬於有意義的規則；據上述，有意義的規範法則總是在人類的控制範圍內，亦即人類能以行動或決定來掌握規範法則。

　　進而言之，批判二元論所指稱的規範或規範法則是可以透過人為的約定或決定加以制定並改變，由於規範法則是人為的，因而人們負有一種道德上的責任，亦即只有人需要對其負責，神或自然並不需要負責的；若我們發現某些規範法則應該反對，便應盡其所能加以改進，值得注意的是規範雖為約定俗成的，但並不意謂一定是任意、獨斷的，而是意指我們可以將既存的規範法則與一些值得實現的標準規範加以比較；當然，即使是這些標準，也還是出自我們自己的決定，因而須對選用這些標準負起責任。

　　然而，巴博又指出人是自然的產物，屬自然界的一部分，則由人所制定並負有責任的規範法則與自然的關係為何？據巴博的

論點，規範法則或標準不存在於自然之中，自然包括事實與規律，本身並無道德不道德可言，是我們將自己的標準置於自然之上，並以這種方式將道德引進自然世界中。換言之，身爲自然界的一部分，自然賦予我們改變世界、預期及計畫未來的能力，使我們具有決定能力並在道德上爲該決策負責；但是，這僅表示決定與自然（即事實）有關，決定絕不可能衍申自事實或事實命題（Popper, 1966:62），亦即引進自然世界的決定與責任皆來自於人，非關其他，「決定」與「事實」二元不可混淆，這是批判二論的要義之一。

探討至此，我們可以概要了解巴博對自然法則與規範法則，亦即事實與決定二元的論點；巴博主張描述日月星球運行的眞正自然法則是超越人類控制之外，非人類之力所能更改，但是我們可以對不確定眞假的自然法則提出假設，一旦遭駁斥，表示該命題爲假，而非自然法則出現例外；而描述規範、禁令的規範法則屬人爲制定，在人類控制範圍之內，只有可以違反或修改的規範法則才具意義；由於人類爲自然的產物，所以人所制定的規範法則與自然法則相關，但前者絕非衍申自後者。

從社會科學的角度探討自然法則與規範法則，巴博認爲社會科學中亦有自然法則存在，稱之爲「社會學法則」（Popper, 1966:62）；巴博指出並非所有社會法則——亦即社會生活的規則——均是規範性且由人制定的，社會生活中尚包括重要的自然法則，即所謂的社會學法則或社會生活的自然法則。

巴博對社會學法則的闡釋有幾項重要論點；首先，巴博所意指的社會學法則並非如柏拉圖等歷史主義者所指稱的歷史演化的普遍法則，即使歷史發展有某些規律存在，這種規律亦在社會學法則的範疇之中；其次，諸如心理學或社會心理學所倡的人類行

為規律——亦即「人性」法則——亦不在巴博社會學法則考量範圍內；第三，巴博所意指的社會學法則是與社會制度運作功能有關的法則（Popper, 1966:67），例如現代經濟理論中所形成的法則，包括國際貿易理論、商業景氣循環理論等均屬巴博所謂的社會學法則；這類法則在我們的社會生活中所扮演的角色就好像槓桿原理在機械工程中所扮演的角色一般，制度好似槓桿一般，若我們要完成非本身肌力所及的事情時，便需要槓桿之助；制度亦似機器，可以增進我們為善為惡的力量，制度的運作需要了解其功能運行的方式與目的的人來監督；進而言之，制度的建構需要一些社會規則的知識以示制度運作程度上的限制；第四，在社會制度中，規範法則與社會學法則密切交互作用，因此要了解制度的功能運作，須區分規範法則與社會學法則（Popper, 1966:68）；巴博認為制度的設計總是根據某種目標或規範，尤其是蓄意創設的制度更是如此，即使是那些因人類行為之無意結果所形成的制度經常是某類有意行動之間接結果所致，而這些無意間形成的制度在運作時，往往須依賴對規範的奉行；即使是機械引擎的製造亦不僅僅單靠鐵便能成功，需要結合鐵與規範——亦即根據諸如計畫或設計程序等特定的規範法則，將物理性的東西轉化成引擎；這就是為何巴博主張規範法則與社會學法則在制度中互動密切。

(二)霍穆斯對批判二元論的詮釋

接著，擬從霍穆斯的角度，將霍氏對批判二元論所作的詮釋列示出來，一方面與巴博的論點作一比較，以釐清霍穆斯與金恩等比較教育學者在「社會學法則」上觀點的歧異，另一方面，期

能藉此對問題解決方法論的概念架構獲致一定程度的理解。

霍穆斯指出批判二元論主張在開放社會中可以分辨兩類型的法則，即為規範法則與社會學法則，這種區分衍申自對人類社會環境與物理環境二者的區別；規範法則可由人制定與改變，藉由一個決定或約定來遵守，人並且因此在道德上為其負責；不過，這並不意指所有社會生活中的所有規律均是規範性、由人承擔的；社會生活中亦有重要的自然法則存在，稱之為社會學法則。

霍穆斯認為批判二元論中所揭示的規範法則具有幾項重要特徵。首先，規範法則可以為人所接受、拒絕或改變，是人們——而非上帝或自然——對規範法則負有責任（Holmes, 1965:51）；霍穆斯進一步說明，此一論證意指若法律或其他禁令加諸人類行為上時，人們原則上有「智識上的自由」（intellectually free）加以拒絕，這種「人類有挑戰社會規範的自由」的假定可以用來分類全球的社會類型，社會中的個體所擁有的該自由愈大，該社會開放程度愈高。據批判二元論，人有接受或拒絕他人所制定的規範命題之自由，霍氏在這種人類的自由上加一但書，認為我們不能輕忽我們行動的結果，或僅僅因為結果是非預期、不想要的便將之排除（Holmes, 1981:159）。

其次，規範性法則連結規範性命題；規範性命題通常可作成「應然」的陳述（Holmes, 1981:77），例如你不應殺人、所有人應被平等對待、所有人應享有自由、所有人應有權工作、享受教育的益處等均屬於應然的規範性命題，霍穆斯認為詳細研究國家憲法與主要立法可發現規範性陳述的形式；與規範性命題連結的規範性法則，其以「若P則Q」的形式表達為「你不應殺人，若你殺人則會被吊死」，不過，由於規範性法則允許接受或拒絕，因此亦可改變——「你不應殺人，若你殺人你不應該被吊死」即為

一種規範性的修正，其新規則可能是：「你不應殺人，若你殺人你應在監牢度餘生」。

　　就教育的角度來看，這種規範性陳述與法則亦顯示人類的信念是學校運作的情境脈絡中之一部分，因此若欲了解學校的功能，對規範性陳述與法則亦須有所了解；身為比較教育學者，霍氏認為有必要對特定國家的規範性命題與規範性法則建立分類形式，這種規範類型建構關於情境脈絡或特定起始條件的重要陳述，從中可進行社會學法則的驗證（Holmes, 1981:78）。

　　若規範性法則代表人類社會環境中可以自由選擇的範圍，社會中一些超出人類直接控制之範圍，或許僅能透過科學技術來掌握的改變則與社會學法則有關；霍穆斯指出批判二元論假定在任何社會環境中存在一些相似於人類物理環境的運作規律，社會學法則便是陳述這類社會事件在我們的社會環境中的關係（Holmes, 1965:52）；這類法則可以用來解釋諸如學校、保險公司、商業工會等社會制度或組織的運作情形，凱因斯經濟理論便屬於經濟學領域中的社會學法則或假設。

　　霍穆斯對社會學法則又作進一步的闡釋；首先，據巴博所言，社會學法則關乎社會制度的功能運作，並在我們的社會生活中扮演著類似自然法則在工程上的角色；若我們能形成社會學法則並以此為基礎來建構制度，該設立的制度可增加人類為善或為惡力量（Holmes, 1981:77）；霍氏相信此一假定致使巴氏宣稱當整體、全面的社會計畫在理論上站不住腳，且在實際上導致集權主義時，點滴社會工程便在人類力量的掌握中；霍穆斯在比較教育上的主張亦是基於此一信念。

　　其次，霍穆斯認為社會學法則的運用使社會科學中的預測成為可能（Holmes, 1965:52），因為我們可以根據制度間交互作用

所造成的連鎖反應及事件重複性的規律來進行預測；不過，預測並不意指一定有可能達致社會控制，換言之，相對於人類在面對規範法則的自由，人們直接控制社會轉化過程的能力是相當有限的，因為人們在社會事務中較不可能亦較無力量控制起始條件。

第三，社會學法則是人為的命題且仍屬假設性的，若欲科學化則必須能接受經驗性否證或駁斥（Holmes, 1981:158）；換言之，社會學法則是暫時、試驗性的，如果我們要強調對該法則真實性的不確定性，便稱其為「假設」（Holmes, 1981a:78）；就教育的角度而言，霍穆斯指出社會學法則在教育研究中的地位既非規範性亦非描述性的，其功能是解釋或預測一連串社會事件的社會規律；霍穆斯認為社會學法則是計畫性教育改革所依賴的假設，是可以在經驗中驗證的命題，所以從政策命題的角度，其地位並不同於規範性法則，確切言之，社會學法則類似物理學、化學、生物學中的自然法則，從自然法則中可進行機械之類運行方式的預測。

第四，社會學法則並非普遍有效，而是偶發、視當時情境而定的（Holmes, 1981:78）；為進行解釋，需要兩種形式的陳述：(1)以自然或社會學法則為形式的一個普遍或一般性命題；(2)關於法則應用所在的起始條件之特定命題，此類命題可稱之為「起始條件」。霍穆斯再次強調，自從拒絕彌爾的歸納主義，社會學法則的情境效度（contingent validity）一直是其堅守的立場，例如欲預測引進綜合中學至國家制度中將產生的影響，應作兩種形式的命題：(1)「若引進綜合中學並普及，將增加社會均等」，此一命題建構一般的假設性陳述；(2)引進綜合中學的國家其社經條件需予以描述，以便從這特定命題中預測或驗證這個陳述，例如美國的起始條件不同於英國、法國、瑞士，因此當一個如綜合中

學等相似的制度引進教育制度時，可以預期每一個國家的成果將有些不同。

霍穆斯認為批判二元論有一重要假定，即任何社會中所存在的因果關係，其運作可以透過社會學法則的建立來了解，這種因果關係是功能性的，並且構成一個決定因素（Holmes, 1965: 53）；霍穆斯批評彌爾的歸納法則藉由指出後續事件的前因來提供因果的解釋，而巴博的社會學法則藉由預測命題來解釋事件，傳統的科學家回溯前因，現代科學家展望可能的成果；霍氏指出就是這種社會學法則的相關研究提供預測力與計畫的基礎，進而建構教育科學或教育的科學研究。

巴博對「預測」的論點值得再次強調，在《歷史主義的貧乏》一書中指出有些事件如颱風可以預測但少能阻止它發生；不過，我們可以預測避免颱風災害的建築物種類、應面對的方向、應採用的材料；這種預測巴博稱之為「技術性預測」，同時亦主張有「社會科技」存在（Popper, 1961:43）。

誠如第七章所述，預測的概念是假設演繹法的核心，假設演繹法與反省思考法融合後有助於比較教育學者在特定起始條件下，以細部計畫的方式對某社會問題的假設性解決方案進行預測。

據此，霍穆斯主張社會科學方法學的目標應意指一個科技的社會科學，細部社會工程將能促進該目標的達致（Holmes, 1981: 79）。進而言之，霍穆斯相信在人類事務的領域中可以進行某種預測，例如就抽菸的病理實據，顯示菸槍將增加早死的機會此一命題是有可能；我們亦能在某月某日某時均已知的條件下，預期將有兩百萬人會搭火車到倫敦；保險津貼是基於保險統計的實據與特定族群被預期的行為形式計算出來的；上述諸多例子充分顯

示我們經常預期社會事件與人類行為；不過，進行預測時，排除長期的預言。

　　最後，霍穆斯主張若將社會學法則應用至比較教育領域，我們所研究的制度範圍便須加以定義。以學校為例，學校可被視為同時在教育制度與在一個特定國家情境脈絡中運作的制度，學校中諸如行政、課程、考試、教室、紀律章程等的制度可經由形成相關的社會學法則來進行描述，進而連結其間的關係；學校之外的是經濟、政治、宗教與社會階級制度，我們可以假定這些制度在功能上不僅是彼此相關且與教育制度相關；教育與其他社會制度之間的關係命題便構成假設或社會學法則，社會學法則加上特定國家起始條件的命題便可以邏輯預測教育政策的成果；換言之，社會學法則是鑑定問題的假設性政策解決方案，亦是計畫性教育發展的基礎（Holmes, 1981:80）。

　　析言之，霍穆斯認為巴博所意指的社會學法則可如自然法則助我們了解物理世界一般的幫助我們了解社會世界，而且無論社會學法則或自然法則都屬於假設性命題，若欲科學化，必須接受經驗性否證或駁斥。事實上，就如第六章所述，巴博對科學哲學的貢獻在於體認到長久以來盛行於自然科學界的牛頓典範不再適切，批判彌爾的歸納法，並拒絕決定論與實證主義，另行提出一種愛因斯坦相對論之後的科學哲學觀；因此，霍穆斯自一九四五年拒絕彌爾、曼罕思想，接受巴博的科學論點與杜威的反省思考理論後，從來不是一位決定論者或實證主義者（Holmes, 1981: 158），不過仍保留一個信念，相信衍申自物理學的模式可用至社會問題的研究上，進而對細部社會工程有所助益，這意指霍穆斯所接受的是意涵相對主義與實用主義的物理學模式，但這種理論模式又排除相對論提出之前所盛行純粹的機械式解釋（Holmes,

1981:158）。進而言之，霍穆斯不主張將制度擬人化（Holmes, 1981:159），他認為諸如學校之類的制度其既定目標均為社會協商的結果，只有人類能以口說或書寫的形式陳述目標與目的，只有居於社會制度中的人類能藉由提出問題與解決方案或藉由實際行動來回應困境；就霍穆斯的角度，人是一種有機體，在包括制度的整體環境中運作；評估制度的回應時，霍氏著重探求社會變遷理論家密爾德所謂高低價值的一致性，換言之，人們對本身社會世界的規範所作的協商、對物理世界進行某種程度的控制時所需的理論、開發可資利用的自然資源——這些人為貢獻均為問題解決方法論的核心（Holmes, 1981:159）。

規範命題與法則是人制定的，社會學法則與自然法則則由人所形成，社會制度——包括純粹理論科學所研究的及應用科學和科技所創設的——均是人類努力的成果；換言之，制度運作的方式端賴個體行為或行動的方式；因此，霍穆斯相信只要社會預測可行，再加上對人類行動有適當的了解，便可規劃屬於人類活動一部分的教育計畫。

(三)霍穆斯與金恩論點的歧異

霍穆斯對規範法則與社會學法則所作的詮釋與據此所設計的理論模式並不為金恩所贊同，將之歸為決定論者、實證主義者，霍穆斯對此曾作過說明；霍氏指出金恩在比較教育方法學上所採用的是生態學研究取向及生物學模式（Holmes, 1981:155）。生物學模式主張人類以外的有機體其行動以意志為基礎，著重發現學校或學校制度作為有機體的一般特徵，並描述制度所存在的整體環境特色，金恩強調了解一個學校制度或對制度進行比較研究

時，整體情境脈絡或情境邏輯的描述是不可或缺的。

　　生物學模式就社會學的角度而言便是目的論的解釋，這種論點賦予諸如學校等的社會制度意志作用，因而金恩將學校視爲有生命的有機體，不但與整體環境交互作用，並進而影響環境造成變遷；霍氏質疑這種變遷是否眞正觸及學校的基本特徵？再者，各地的學校是否具備相同的基本特色？每一個整體的國家制度或生態制度是否均存在獨特的有機學校（organic schools）？霍穆斯承認學校中相似的變遷在環境中所造成的影響是可以描述與比較的；不過，霍氏同時亦相信機械論所主張——學校僅僅隨環境改變而改變——亦有可能（Holmes, 1981:157）；換言之，機械論的解釋與目的論不同，機械論主張諸如學校等的社會制度並無本身的意志作用，僅僅根據環境中諸如社會階級、種族、語言、宗教及經濟等因素來反應，這種論點並不見容於金恩的比較教育理論與思想，被金恩斥爲決定論而予以拒絕。

　　簡言之，生物學模式將學校視爲實體，亦即具意志作用的有機體，這種論點一方面將負責制度運作的人摒除在外，另一方面又認爲制度本身能自我作決定並自行回應環境變遷；再者，金恩堅持在特定情境下，不可能預測或預期學校回應整體情境脈絡變遷的結果（Holmes, 1981:157），金恩承認有趨勢存在，但這趨勢並非不變或可預測的，這種立場亦致使金恩大肆抨擊霍穆斯將社會學法則視爲具預測力的法則，將霍氏歸爲決定論者。

　　探討至此，我們可以對於批判二元論及霍穆斯、金恩二人在批判二元論方面見解的歧異有一概要了解；金恩宣稱爲巴博的追隨者，堅守反決定論、反實證主義的立場，重視情境脈絡，反對愛因斯坦提出相對論之前盛行的絕對機械式解釋，視批判二元論中的自然法則爲恆定、不可更改的，至於社會生活中並無法則存

在，反對在社會世界中進行預測，只可論「趨勢」；因此，主張批判二元論中的社會學法則並不具預測力，金恩的論點就社會學的角度屬目的論的解釋方式，社會制度本身自具意志作用，能自行回應環境變遷。

　　反觀霍穆斯，從上述探討可以發現問題解決方法論的折衷性亦顯現在理論模式中，致使霍穆斯本身立場有些模糊而遭致金恩抨擊為決定論者、實證主義者；首先，霍穆斯認為社會學法則是假設、暫時性，可以推翻或駁斥的，屬於制度間關係的功能性命題，可以用以進行預測並進行細部教育計畫；事實上，我們在探討認識論假定時已經指出預測的概念是假設演繹法的核心，霍穆斯設計理論模式時便以社會學法則形成功能性命題，試圖據以進行預測；霍氏不認為預測的企圖與決定論或實證主義有關（Holmes, 1981:161），他一再強調本身所承繼的是相對論提出之後的科學哲學觀，強調情境脈絡的重要性，不追求普遍法則，所以主張社會學法則是可以駁斥的假設性命題；但是另一方面霍穆斯又有統整實證主義與現象學爭議的企圖，據社會學法則所設計的制度類型，目的便在防止相對主義過於強調個殊性的流弊；是故，霍穆斯對批判二元論中社會學法則的詮釋與應用並非絕然的反實證論或反決定論，這是理論模式中具折衷性之處。

　　其次，我們在探討問題解決法形成背景時，曾指出霍穆斯承認本身設計理論模式時曾受早年自然科學受教背景的影響，因而並不全然反對機械式解釋；換言之，霍氏一方面同意目的論的部分主張——學校中相似的變遷在環境中所造成的影響是可以描述與比較的，但卻不贊同將社會制度視為具意志作用的有機體，認為如此一來便將負責制度運作的人排除在外，所以霍氏不主張將制度擬人化，認為制度運作的方式端賴個體的行為方式，這又偏

機械式的解釋；不過，正如霍氏一貫折衷的立場，這種機械式解
釋因情境脈絡的因素並非絕對的，屬於相對論出現之後的解釋方
式，簡言之，問題解決方法論的理論模式兼具目的論與機械論的
解釋方式；這種折衷傾向或可將霍氏稱爲中介決定論者，但並不
足以將之歸爲實證主義者或完全決定論者。

二、社會變遷理論

　　據第七章所述，問題解決方法論在社會層面上有一項重要的
假定：「社會中的變遷常常是非預期、意料之外的」；由於任何
社會制度的每一層面經常彼此密切產生邏輯或功能性的交互作
用，因此，參照社會的類型可以鑑定因非預期社會變遷而引起的
不一致性，這些不一致性亦即社會問題之源；不過，霍穆斯強調
不應在演進式的變遷與革命式的變遷二者間作過於明確的區分；
基本上，變遷的過程是相似的，差別在於程度上而非種類上
(Holmes, 1965:73) 。

　　霍穆斯對非預期社會變遷曾有深入分析，社會變遷的形式不
但關乎社會資料的分類，霍氏並據此在理論模式中納入社會變遷
理論；因此，探討社會變遷理論之前，擬先就非預期社會變遷的
形式作一剖析。

(一)社會變遷的形式

■ 規範性社會變遷

　　就霍穆斯的分析，社會變遷往往起因於規範、制度、自然環境三種社會面向的革新，諸如既存的規範遭挑戰或質疑、新制度的創設，或發現增加國家財富的新資源；霍穆斯指出社會問題的特徵可藉由革新的種類與革新產生的方式來鑑定，所以每一種面向的革新對比較研究均助益甚大；證諸批判二元論的論點便是社會中的某些改變符應社會學法則，因而帶動一連串制度革新；而規範革新所產生的改變雖具邏輯相關，不過因人們有拒絕或接受的自由，故規範變遷並不會引發必然連續的事件（Holmes, 1965: 74）。

　　首就規範變遷而言，因社會規範不一致所產生的變遷主要發生於政治層面，佩恩（Tom　Paine）於所著的《人權》（*The Rights of Man*）一書中大肆抨擊貴族制度即為典型的一例，其他諸如馬丁・路德（Martin Luther）、卡爾文（Calvin）等人對宗教理論的顛覆亦為規範性政治變遷的例子；雖然少有哲學改革家將本身對規範的挑戰局限在規範類型諸多層面之一種，但觀諸柏拉圖理論在歐陸的影響，挑戰柏拉圖式的政治論點往往較修正柏拉圖式的心理學與教育理論為易，例如天賦政治權力與領導權的主張已為多數國家所揚棄，代之以民主選舉的信念，但仍有許多人相信菁英能力天賦說，調和當代民主政治理論與菁英心理學的困難度因而明顯增加。因規範的不一致所產生的變遷亦顯現在心理與社會現象，密爾德於《美國的兩難》一書中對美國種族問

題進行心理學層面的剖析即爲一例,密氏對社會變遷的觀點本研究將於探討社會變遷理論時進一步說明。

■ 制度性社會變遷

次就制度變遷而論,新的規範除非伴隨制度革新,否則難以具有影響力;曼佛德(Lewis Mumford)亦曾有相似的論點(Holmes, 1965:78):

> 我們概念的改變除非伴隨個人習慣或社會制度同時改變,否則少能產生重要影響;⋯⋯新觀念欲深植於某社會中,所憑藉的不僅是文字的傳播:⋯⋯要成爲社會運作的一部分,新觀念必須結合制度、法則⋯⋯。

這段陳述指出除非規範或規範法則制度化,否則無法產生任何效用;換言之,規範革新的成功端賴有效的組織或制度;事實上,規範與制度二者的關係亦意指「理論與實際」的關係——將哲學目標落實至實務的方式;因此,教育計畫者或改革者的一項基本任務是創設能夠根據社會學法則達致既定目標的制度或組織(Holmes, 1965:78-79)。

進而言之,教育計畫者要將理論付諸實際,通常透過大眾傳播媒體或可資利用的組織來宣導本身的理念或新式規範,以擴大理念的普及度或接受度;不過,政治意識形態、物質環境或政治策略的運用往往會阻礙理念的落實;霍穆斯指出:理論與實際間的差距經常起因於缺乏中介理論(bridging theories)——亦即當高價值急遽改變時,一般性理論並未及時發展可資相對應的理念。

不過,諸如制度革新的實務性變遷亦可能影響政策或理論的

修正；換言之，教育理論或教育政策的改變並不完全因為教育目標有所改變，亦可能因教育系統內部或外部的制度有所修正；當然，制度的革新不僅僅發生在教育制度中，政治、經濟、社會階級結構及宗教組織等制度均有可能因革新而產生非預期社會變遷，進而帶動教育系統的修正。

以十九世紀美國的公立學校（common school）為例，當時大量的移民進入美國、西進墾荒運動及快速都市化，曼恩等美國教育學者企圖藉公立學校的設立來改善社會風氣，並將勞工階級子女與中上階層子女安置於相同教室中以降低階級差異；無論考試、學童的升級、師資培育、不同層級的高等教育及學校課程均因公立學校的創設而改變；社會、經濟、政治制度亦隨之修正以為回應；之後發現公立學校的設立確實有助於降低社會階級差異，促進不同族群或階層成員彼此的合作，進而加速美國工商業的進步。

據上述，無論是規範變遷或制度變遷往往源起於「差隔」的概念（Holmes, 1965:84）；前者主要因族群或團體間持相對立的觀點，或個體的信念不一致；後者則可能因某制度改變較其他制度快速而產生制度間的不一致性，或理論、實際之間（規範、制度之間）的關係過於薄弱、不一致；這些規範或制度的差隔便是社會問題產生之源。

■ **自然環境改變所造成的社會變遷**

值得注意的是另一類型的變遷——自然環境的變遷——能影響制度或社會規範為之修正，環境變遷亦能以差隔的概念進行解釋；事實上，許多社會問題的產生多關涉自然環境與規範的關係或與制度的關係；一個國家的自然資源相當有限，不可能滿足所

有人口的期望；因此，自然資源與期望之間、自然資源與制度之間的差距便是「差隔」之源，亦為研究社會問題不可忽視的變遷類型。接著，我們將以前述規範、制度、自然環境三種社會變遷形式為基石，進一步探討社會變遷理論。

(二)社會變遷理論

由於霍穆斯假定「問題」起於突然或非預期的社會變遷，因此，若問題解決法的第一步驟「問題分析」要深入並且能為其他研究者套用，便需要以社會變遷理論作為分析、思考問題的基礎，並將教育政策視為解決教育問題的方法 (Holmes, 1984:589) ；與其他比較教育學者不同的是霍穆斯發現多數的社會變遷理論均承認教育問題應從比較的觀點進行分析，所以並不事先假定一個社會變遷理論，而是依照研究者的興趣去接受任何能釐清問題的社會變遷理論；霍穆斯這個作法乃試圖彌補一些比較教育學者採用諸如教育機會不均等、經濟的成長、新殖民主義、種族主義等術語來解析教育問題時，因語意含糊以至於對問題的分析不夠深入、無法將問題真正釐清且他人無法套用的缺點。

■ 密爾德的社會變遷理論

對於特殊問題的分析，霍穆斯認為密爾德的社會變遷理論相當有用。密爾德假定個體的信念並不必然一致，往往一方面傾向信奉諸如均等、正義等崇高的觀點，而另一方面又根據本身經濟、社會及政治上的實際自我利益而行動，該社會變遷理論稱前者為「高標準」 (higher valuations) ，而後者為「低標準」 (lower valuations) ，當「高標準」改變而「低標準」仍持續

時，便形成人們言行不一致的根源，亦是許多問題產生的原因；霍穆斯認為這種現象可以作為分析問題的起點，在比較教育研究第一階段就進行分析；例如，新頒布的立法或憲法可能代表人們的期望、目標或高標準有所改變，不過少有人知道如何在行為上根據新的規範命題加以配合，多數人仍舊依個人利益而行；雖然在多元社會中「高標準」在立法前後可能備受爭議，但個體依低標準而行卻仍受到諒解且不會受罰。

事實上，高低標準不一致的現象屬於心理學的層面，但卻具社會學上的意涵；在《美國的兩難》一書中，密爾德指出個體思想與行為之間的不一致會擴及群體，影響團體行動；換言之，團體的決策往往同時反映出當時普遍接受的高層面或低層面信念，而且決策的原則亦不必然能貫徹、落實至團體所關心的每一個社會層面，一當個體與團體為社會議題爭議不休時，情況將愈形複雜；這便是霍穆斯設計規範類型的考量之一，企圖藉此提供一個概念架構，促進對當今議題的了解（Holmes, 1965:76）；霍穆斯認為規範類型有助於定義意識形態對立的團體，並對這些團體所持的相對立場有進一步的了解——此為不同國家比較研究的基礎之一。規範類型的建構將於第三節作進一步的探究。

值得注意的是，社會規範邏輯上的不一致雖導致社會問題的產生，但另一方面亦可能促進社會發展、帶動社會活力；換言之，人們接受或拒絕規範的自由，雖有產生社會矛盾現象之虞，但卻是健全政治民主化的必要因素；因此，比較研究的目標不僅在處理社會或人類的問題，亦著重於研究較嚴重、迫切的問題，以形成解決該類問題的政策解決方案。

據上述，霍穆斯指出密爾德社會變遷理論對比較教育的意義是去找出新的教育立法，然後將該立法在行為上的意涵與教師、

家長、學生、政治人物、神職人員及其他利益團體成員在行為上仍依「低標準」而行的現象作一對照，這種研究對技術性問題在一般或某一國家的背景中進行分析時很有用；只要仔細找出當時的高低標準及各自的支持者，便能發現問題所在。

■ 奧格朋的社會變遷理論、依賴理論

再者，對於因技術革新所造成的經濟生活、制度或環境的變遷，霍穆斯建議比較教育學者可以採用奧格朋的社會變遷理論、依賴理論作為分析問題的基礎。奧格朋假定人類活動某一層面的變化與社會文化隨之修正二者之間有時間上的差隔存在；奧氏將文化差隔視為理念、態度、制度及風俗習慣未能及時回應物質文化的變遷所產生的社會調適不良現象；多數生活在傳統民風、習俗的個體對科技革新、工業化與都市化的適應緩慢，因此藉由觀察物質適應、非物質適應及非物質不適應文化三者間變遷的時間差隔來區分社會變遷層面，以作為判定文化差隔的原因；許多理論家指出，即使經濟環境已經改變，人們根深蒂固的觀念仍難以隨之改變。同樣的理由，依賴理論對於分析大都會或中心國家與邊陲國家之間的關係有精闢的見解；霍穆斯認為對比較教育學者而言，依賴理論具有相當的研究價值。

■ 社會學名家的社會變遷理論

另外，霍穆斯亦建議可以採用社會學家如特尼斯（Ferdinand Tonnies）、韋伯、涂爾幹（Emile Durkeim）、瑞得夫（Robert Redfield）及帕森斯（Talcott Parsons）的理論來分析社會變遷問題，這些理論主要是區分簡單與複雜社會、鄉村與都市社會；他們對從鄉村移民至都市（在同一國家或跨國）所

受到的衝擊作一比較，並分析移居城市所可能面對的問題；這些理論無論在內涵與外延上都認為鄉村和城市在政治、經濟及教育制度上都有差異，由於鄉村居民其內化的信念不易改變，因此當都市機構以鄉村的價值為基礎來運作時也會產生問題，這種現象指出另一類型的社會或文化差隔；對比較教育學者而言，這也是研究都市地區提供教育機會給不同文化背景的移民子弟時所最常產生的問題。

　　綜上所述，大多數的社會變遷理論假定變遷首先發生於社會某一層面，其後個體或社會其他層面由於民族性而不能立即反應這種變遷而形成差隔進而產生問題。這些社會變遷理論主要的差異在那些根據社會性分類學，分類出來比較的族群（Holmes, 1971:35），諸如鄉村—都市社會、鄉村—工業社會、資本主義—社會主義社會等；當社會科學家區分不同的族群並比較其制度、態度及行為形式時，均面臨一項相同的特徵：任何族群均具有某種有別於其他種族的半永久氣質、感情與信念——此即為民族性。關於民族性的概念，霍穆斯亦將之納入分析模式中，這將於下文作進一步的說明。

三、社會資料的分類系統

　　問題解決法的社會資料分類系統共包括規範類型、心態類型、制度類型及自然環境類型四種。規範類型與心態類型乃衍申自批判二元論中的規範法則（Holmes, 1984:592），由於這兩種類型的分類法相當相似，因此作者擬一併探討。制度類型則根據社會學法則設計的，如第一節所述，霍穆斯以社會學法則來描述

制度間假設性、功能性的關係，並據以進行預測。自然環境類型雖非直接衍申自批判二元論，但與批判二元論中所論及的自然法則間接相關。

(一)規範類型與心態類型

■ 兩類型的共通之處

　　首就規範類型與心態類型而言，包括以「應然」陳述形式出現的規範法則與規範性命題，並假定一個已知國家的人民有拒絕或接受規範命題與法則的自由；前者屬人們所信仰的信念、價值、目標，後者則為人們實際表現於外的行為，以社會變遷理論家密爾德的術語而言，前者便是「高價值」，後者便是「低價值」，當高低價值不一致時便產生規範性社會變遷，亦為社會問題產生之源；這些規範的來源相當多樣，難有一致性，而且許多均與教育有關；慮及此，霍穆斯藉此鑑定這些與教育相關的規範形式，將之組織成某種系統或秩序以簡化規範原本的複雜性；所以，理性構念雖是從諸多規範中篩選而得，並不企圖呈現實在（reality），但卻是基於下列的假定：

　　第一，任何理性構念均無法精確反映百分之一百人口的意見，但須代表某一社會中一定人口比例的意見（Holmes, 1965: 145）；換言之，理想典型模式中的規範命題並無法為其所指稱的族群之所有成員所接受，而且即使是同一族群，亦不能假定其所有成員將表現相同的行為方式；析言之，問題解決方法論假定「多數的社區、社會及國家中存在著多樣性的意見與信念，居於其中的人們將會質疑所認知到的規範」（Holmes, 1981:113），

因此有些人繼續接受既存規範，有些人則會拒絕規範而試圖改變，進而帶動社會變遷；這些變遷便是社會問題的根源；霍穆斯相信理念型模式或理性構念可以分析社會變遷、鑑定與比較不同國家在信念與意見上的主要差異、判斷一個國家中非理性者、順從者及改革者的行為；換言之，理性構念可以分析一個社會世界中規範的多樣性，使繁多複雜的資料顯現意義。

第二，藉由提供一個與規範性命題邏輯相關的架構，促使其所指稱的多元信念達致某種程度的協調、一致；理性構念以缺少內容的一般性命題的形式出現而呈現概念的清晰與簡化，但犧牲精確性與理解性，必須強調的是理念型模式中的抽象概念建構得愈清晰、敏銳，模式愈不真實，愈無法反映實在，但同時卻對比較教育學者愈有用 (Holmes, 1981:113)。

理論構念 (theoretical constructs) 應能促進不同社會中規範的比較；為達此目的，有必要採用廣為接受的理論類型作選擇的規準，這些理論是與教育制度在社會情境脈絡中運作有關的 (Holmes, 1965:145)；因此，霍氏主張理念型模式應從某團體或族群成員所接受的教育、政治、宗教、經濟的目標或理論資料中衍申出來。

為了比較教育的研究與資料的來源，霍穆斯主張以知識論、社會論及個體論作為選擇資料的規準 (Holmes, 1965:146)：

1. 知識論：知識論明顯的對教學法、課程、考試的論點有所影響，建構知識的資訊及獲取知識的過程是知識論的重要特徵。

2. 社會論：社會論闡明人們所處的社會或所爭議的社會形式，包括政府的角色、選舉的形式與範圍，或是政府與個

人的角色；在一般社會理論中亦可發現關於社會階級與社會流動的概念，而這些經常與經濟結構的論點有關。

3.個體論：包括個體的道德論、人們共有的特質、區分道德與智識均等的平等理論等；面臨個體論哲學上的困難，少有社會能解決，這些難題所代表的不僅是哲學層次上且是操作理論層次上持續性的爭議。

　　這三項規準可以用來作為選擇與分類規範性命題的指標，根據這三項規準所篩選的資料具有綜合與一致性，不過因為相當一般性，相對的亦缺乏內容，這些命題經常以經濟人、經濟社會及經濟知識，政治人、政治社會及政治知識，教育人、教育社會及教育知識的形式呈現（Holmes, 1984:592）；因此，霍穆斯進一步指出可再根據這三項規準衍申出更細部、較個殊性的命題，形成次級類目，包括政治、經濟、宗教、教育、社會結構、藝術及立法或憲法的資料；值得注意的是，霍穆斯並不規定類目中僅能包括這些類型的資料，次級細目中資料類型的增減端賴研究者的需求；但是，類目中每一種的資料理論上不可與其他類型所放置或所選擇的資料重複；一個規範類型形式的一致性端賴每一細目資料本身及與其他細目之間關係的邏輯性程度，另外尚關涉所有命題與更一般性理想典型構念（個體論、社會論、知識論）之間邏輯相關的程度。

　　根據上述分類規準與細目進行研究時，霍穆斯認為需要區分兩種形式的命題，類目中的命題應指涉社會的某一層面及社會特定細目中的一個特徵；以均等的觀念為例，「所有個體均法律之前一律平等」或「所有個體均應享有相同的政治權利」，這兩項命題均未提到教育均等或經濟均等的觀念，但霍穆斯卻認為可以

從中建立稱之為「規範法則」的關係命題（Holmes, 1981:
118），規範法則可以連接兩個均等的獨立規範命題，如「若教育
應是人權的一部分，則所有孩子應上相同類型的學校」則屬可以
接受或拒絕的規範法則之一例；此外，模式中每一細目之間亦可
形成規範法則，以政治與教育兩細目為例，可以作成「若所有公
民應有投票權，則教育應被視為人權的一種」，或「若所有人應
擁有工作權，則所有孩童應有權獲致他們所需要的技能與知識」
之類的規範法則。

　　具體言之，研究者從大量資料中進行選擇時，雖不免流於獨
斷，但霍穆斯一再強調模式的設計目的在「用途」，而非反映實
在；所以篩選時須秉持信度與效度的概念、研究問題及問題所在
的情境脈絡、解決問題的政策方案；下列的考量有助於資料的選
擇（Holmes, 1981:122）：

1. 空間的脈絡：模式所在的情境脈絡為何？全世界？某一主
   要大陸？某一國？某國中的一個區域？
2. 時代背景：模式是否試圖為當今國際性或國家性關於教育
   目標的爭議提供一些焦點？
3. 歷史層面：模式是否試圖簡化複雜的傳統與某一特定族群
   之民族性或心靈狀態？
4. 社會變遷：模式能分析諸如政治家、教育家、家長等族群
   的期望至何種程度？
5. 政策目標：理想典型模式是否有助於我們對教育政策目標
   的了解？
6. 政策的施行：模式對於教育改革施行成功與否的可能限制
   或正面影響能提供何種理解？

7.經濟／政治考量：國家的政治、經濟發展對模式的選擇重要與否？

　　據此，霍穆斯進一步以歐洲—北美的哲學家或哲學學派為例，說明這些哲學思想中所意涵的人、社會及知識的命題：

1.古典主義：希臘哲學家中，霍穆斯認為柏拉圖與亞里斯多德的哲學思想可以作為建構理想典型模式的選擇。
2.百科全書學派：十八世紀許多哲學所意涵的人、知識、社會概念均可作為一致性構念的成分；從法、美思想家中能衍申出有用的模式。
3.社會主義與共產主義：很明顯的可以選擇馬克思作為該類型社會的代言人。
4.實用主義：十九世紀末一群美國思想家提出一系列新理論試圖配合那一時代需要。

　　接著，基於人、社會、知識三項指標而從哲學家諸如笛卡兒、洛克、黑格爾、史賓賽、杜威等擇取出來的資訊可以研究歐洲與北美的問題並提出解決方案，但仍須與下列資料合併：

英國：柏拉圖／亞里斯多德；聖經；洛克（或約翰‧彌爾）
法國：柏拉圖／亞里斯多德；聖經；笛卡兒（或康多賽）
美國：柏拉圖／亞里斯多德；聖經；哲人派；傑佛遜（或杜威）
俄國：柏拉圖／亞里斯多德；聖經；百科全書學派；馬克思

　　在歐洲—北美模式中的一般成分因納入相同的宗教和世俗資料而強化；進行國家教育制度的比較時，因為納入與國家教育制

度明顯相關的哲學，將可凸顯國家情境因素；霍穆斯又據上述分類資料進一步建構可進行國家政策比較的四個模式，每一模式的效用端賴研究者的研究問題與進行問題分析的情境脈絡 (Holmes, 1981:124)：

第一，柏拉圖模式（情境脈絡：西歐、傳統）。

1. 人的本質：人是不平等的，多數人承襲不平等的特質。
2. 社會的本質：公義的社會是穩定且不改變的，居於其中的人需履行各自特定的責任、知其位並滿足其位、執行適合其能力的任務。
3. 知識的本質：知識與智慧是公義的社會特質；既然知識僅有少數人可獲取，這些人便是社會的領導者——亦即哲學家國王；知識是永恆的觀念且能憑直觀獲得。

第二，亞里斯多德模式（情境脈絡：西歐、羅馬天主教）。

1. 人的本質：人是不平等的，有些注定是自由人，有些注定是奴隸，自由人的主要特徵是他們是理性的動物。
2. 社會的本質：良善的社會是所有的自由人民主地參與公民事務，理性將確保社會成功運作。
3. 知識的本質：知識是內在的觀念或精義，自由人獲取知識並用以正確運用邏輯方法、歸納通則，根據最終、正式和效能的因果關係進行解釋。

第三，百科全書模式（情境脈絡：法國、西歐和東歐、傳統與現代）。

1. 人的本質：人是不平等的，但所有人均具有理性的能力來

了解自身的權利並負責地履行責任。

2. 社會的本質：公義的社會是法律之前人人平等，領導者是擁有天賦才能的人（非天生的貴族或富人，而是一流人才）；公義社會是民主的，充滿理性與進步觀，財產權受保護且經濟以農業為主；均等、自由、同胞之愛代表社會生活的目標。

3. 知識的本質：所有的知識均是有價值的；科學教育較博雅教育重要，現代語言較古典語言重要，實用學科較有價值；此時，不同的認識論已被提出，歸納法則作為一種科學工具已被進一步發展。

第四，馬克思模式（情境脈絡：俄國、東歐、當代）。

1. 人的本質：所有的人都是平等的，成就的不同不全然起因於天生的能力。

2. 社會的本質：良善的社會端賴勞動者擁有生產工具，亦倚賴勞動者間、勞動者與生產模式間關係之適當發展；在這種無產階級社會，沒有人會受到他人的剝削；這是一個科技的社會。

3. 知識的本質：社會發展法則的知識端賴對物質條件的了解與社會之中經濟力量的運作；歷史的衝突是資訊的來源；唯物辯證法是研究的方法；在十九世紀許多的實證主義知識論被提出。

第五，實用模式（情境脈絡：美國、當代）。

1. 人的本質：人是不平等的，但個體擁有的智能促使他們能集體解決本身的問題。

2.社會的本質：良善的社會是民主且變動不居的，法律之前
　人人均等，並在不損及同胞愛的情況下給予個體自由競爭
　的空間。

3.知識的本質：知識是相對的、暫時的、視情況而定的，獲
　取知識的方法是參照經驗性實據（empirical evidence）
　的問題解決法。

　　從上例中我們可以對根據主要分類規準所設計的問題解決法
分析模式有一具體的了解；事實上，正如我們一再強調的，理念
型模式的設計目的在呈現「可比較性資料」並「以一種有意義的
方式進行分類」；雖然模式簡化的過程造成明顯的限制，但另一
方面，若要求理念型模式內容更精確——亦即更能反映實在
——而加以複雜化，可能會減損模式的用處，因此有必要在一般
性與簡化、細部與複雜間找出平衡點（Holmes, 1981:126）。

■ 兩類型相異之處

　　據上述，可以對社會資料分類系統中規範類型與心態類型的
主要假定、主要分類規準及分類細目有概要的了解；不過，規範
類型與心態類型在分析技術及資料收集種類方面仍有分別，茲分
述如下。

　　由於規範性命題的範圍過於龐大，若我們要從中篩選與本身
研究目的相關的規範性資料，分析的技術有其必要（Holmes,
1981:80）；霍穆斯指出建構規範類型需要經驗性研究技術
（empirical approach）與哲學技術兩種，這兩種技術是互補
的；前者收集資料的方式包括意見調查、態度測驗、問卷等，這
種收集資料方式所形成的類型可稱之為經驗性構念（empirical

constructs)，從中可以歸納出較一般性的規範，對比較教育相當重要；哲學技術的採用則可以從對殊異性的重視轉換爲強調最一般性的規範性命題，這種收集資料的取向可稱之爲「韋伯式的理性構念」（Holmes, 1965:55）。

　　規範類型所採納的資料來源除了哲學學派或理論外，最主要的是憲法與立法，這種收集歷史資料的作法與早期比較教育學者如韓斯的主張相似；不過，韓斯等人欲追溯歷史前因來發現普遍性通則，而霍穆斯收集歷史資料目的卻在分析當前問題，換言之，早期比較教育學者回溯歷史，而霍穆斯著眼未來。

　　之所以採憲法與立法等歷史資料作爲理念型規範模式的資料來源，主要因爲霍穆斯認爲檢視國際宣言與國家立法合法化的過程可從中發現政策形成與採用的過程及參與這些過程的個體、團體；政策採用的過程多少可以顯映憲法與立法代表公衆意見的程度；值得注意的是將法律文件作爲國際與特定國家構念的資料來源時不應模糊一項事實──這些憲章或法律資料可能源自高價值，而非低價值（Holmes, 1981a:126）；屬於高價值的憲法或立法可能存在邏輯上的不一致，這些不一致便是國際爭議的主題，亦是社會問題的起源。

　　以聯合國權利宣言爲例，聯合國宣言陳述一個理想世界的人類所應享有的權利──言論自由、工作權、受教權，在眞實的世界中，宣言的內容代表政策的目標；不過因爲聯合國的機構對主權國家的政策、行動幾乎沒有法定權，這宣言僅代表許多尙未付諸實際的「高價值」；各國政府可以參照宣言內容證立本國的教育政策，由於宣言內容如此一般化及規範性，以至於當受到全球性的認同時亦開放政策解釋的空間。

　　事實上，諸如聯合國宣言之類的主張涉及社會生活的許多層

面，並在一般層級上明確提供規範性命題的一致類型，這些規範性命題的詮釋方式不同，因而從中所建構的規範法則亦不同，不同規範法則的重要性便是進行國家性比較的規準；換言之，在國際性比較教育研究中，檢驗國家政策與該國諸如政治家、政客、教育者、法官、家長、教師等團體所提倡的規範命題、規範法則一致的程度，這些團體所持的觀點都可以在規範類型的情境脈絡中研究（Holmes, 1981:118）。

法律文件很少完整列示其所從出的個體、社會或知識的理論，因此任何立法或憲法均不可能提供完整的構念，至多提供一個解釋主要哲學立場或過去正式文件的部分圖象；進而言之，一部憲法的法條中可能包含不同理論立場的概念，這意涵衍申自憲法與立法的構念可能會較那些基於哲學家著作的構念更不包羅萬象（comprehensive），而較抽象、理論性；其信度與效度也因此較無問題，可以作為教育政策公開辯論的架構。

簡言之，每一國家的憲法與立法有其獨特性，內容具國家獨特性，但細目的風格、要旨經常不同於其他國家的立法；為了研究目的，法律文件可代表「問題創造性的改變」或「問題解決的方案」，觀察者的觀點一定會影響判斷。

當憲法代表傳統延續性的一部分時，可能會被視為在問題情境中不會改變的成分；故對現存憲法的挑戰代表著變遷，也因而可能被視為一個新問題的潛在來源；這類問題解決的方式可能是透過修正憲法或以新憲法替代，因而可能會在民族國家中引進新規範或造成權力重新分配；霍穆斯指出如果理念型模式欲在分析與比較教育問題時發揮作用，同時預期政策施行的政治限制，則憲法形成、採用的過程及其置諸於立法與司法判決時的限制必須加以探究。

政策的施行往往根據憲法、立法所揭示的原則，再透過制度的運作將期望的目標或政策付諸實際；然而，立法中目標與政策的一致性及個體達致其成就的願望並不保證可設立適當的制度，亦不保證個體的心理特質能確保制度會以達致政策目標的方式運作；立法、憲法和制度運行間的歧異是比較教育研究中可以進行問題分析的來源之一（Holmes, 1981:129）；換言之，憲法與法律提供可以判斷規範性革新的理念型構念，在問題解決方法論中，憲法與法律是問題分析一個很重要的起點。

　　至於屬於「低價值」——亦即促動人們實際表現於外的行為——的心態類型，雖如前述與規範類型在分類規準、資料類目方面相同，但卻無法如規範類型的資料般精確的從態度測驗或國家的憲法、立法中推論出來；因此，霍穆斯認為心態的模式應從哲學家——無論是宗教性質或世俗性質——的思想、著作中來建構（Holmes, 1984:594）；值得注意的是，霍穆斯在心態模式中亦納入比較教育相對主義者馬霖森民族性的概念，作為分析社會變遷與問題產生之基礎。

　　馬霖森所主張的民族性是以三位學者的觀點為基礎；馬氏贊同吉斯伯格的論點，認為民族性即某一民族其思想、感情、行為的整體傾向，同時傳承後代，形成或多或少的連續性；另外，馬氏亦採納許耐德的主張，認為民族性是決定一個國家整體社會行為的一種文化連續性驅力；而彼得斯（R. S. Peters）所倡「個體所堅持的某種觀點、判斷、讚賞、意圖及決定均受前人傳承下來永久與半永久的氣質傾向所影響」深為馬氏所同意，而成為其民族性的一部分。

　　這三位學者所定義的民族性其共同特徵是「永久或半永久性」，就是這種決定社會行為的特性才可能預測某個體或某族群

未來的行為，除非我們假定人類未來的行為與過去、現在具有某種一致性，否則無法進行預測；因此，馬霖森民族性的概念對企圖改善比較教育研究，使之成為預測科學相當有幫助（Holmes, 1971:34）；不過，霍穆斯又考慮到現今文化如此多元，或有些新興國家建國歷史過短以至於不適合以民族性的概念進行分析，因此，另外以團體心態作為分析的基礎；這便是霍穆斯設計心態類型時之所以將民族性與團體心態納入心態類型中的主要考量。

問題解決方法論所納入的民族性與團體的心態事實上屬於社會中保守的部分；就某些方面而言，民族性的建立較團體的心態為易，馬霖森主張最好是以個人經驗（personal experience）的方式，這意指比較教育學者需要會說當地的語言才能藉此獲致當地民族性的知識；理論上，這種經驗的複製有助於了解當地多種民族性，然而實際上，一個人所能說並且說得流利的語言無論多有天分還是有限的，再者，採這種參與式研究的方式一方面觀察者需要經過良好的相關訓練並具備豐富的知識，一方面至少需在當地居住一段不短的時間才能獲得民族性的知識；馬氏這種獲致民族性的方式並不為霍穆斯所贊同，因為這種作法應用至比較教育領域，需要相當成熟的比較教育學者，並且需要對該國有相當密切的了解與認識。

因此，霍穆斯主張比較教育學者研究某國的民族性時可以採用想像式經驗（vicarious experiences）——亦即以想像體驗的替代經驗（Holmes, 1971:42）；許多著名作家即以想像式經驗的方式描繪本國或他國的民族性，如《湯姆歷險記》（*Tom Sawyer*）即為美國民族性的最佳表徵，莎士比亞作品是英國民族性最佳代表作；不過，研究者需面臨選擇作家或作品時或許會流於獨斷之虞；但透過文學作品而形成的想像式經驗不應被斥為不

可信，這類作品不僅反映國家整體的特色，亦反映團體的心態，這種隱藏在民族中促動人民實際行為的深厚情感非態度測驗所能測試出來的。

(二)制度類型

至於制度類型，霍穆斯指出用「制度」（institution）一詞是從政策的角度著眼（Holmes, 1984:592），意涵人們根據政策命題創設組織並透過組織運作人類事務；但在某種意義上，這些制度是獨立於經營它的人；我們在第一節探討批判二元論時已經指出霍穆斯解釋制度時傾向機械式的解釋，反對將制度擬人化，認為制度本身並無生命，不能自訂目標並自行以政治、經濟、宗教、教育及其他制度型式去達致該目標；換言之，霍穆斯假定人們創立制度，並藉由制度達致人類訂定的目標；根據社會學法則所描述的制度間假設性的關係可以置入制度型式，假定社會學法則可以塑造意涵經營制度與組織的成果可以藉由相關命題或因果關係來建立。

霍穆斯認為研究社會學法則最好的方式是分析與描述政策執行的過程；因此，霍氏最常引用帕森斯正式組織模式來研究社會學法則中各種制度間功能性的關係（Holmes, 1984:595）；霍氏根據帕森斯的論點反對政策乃分由公共利益團體代表形成、管理階層採用、技術人員施行的觀點，另行假定政策的形成、採用、執行是這三組團體成員間互動的結果，值得注意的是政策即使正式採用，並不確保必然忠實施行——除非政策執行者與採用者的心靈狀態已具備相同的信念。

多數主權國家均設有教育部作為負責全國性教育事務的正式

組織，地方性或省級的教育機關在某些國家也已成立；多數國家的地方教育行政組織只負責教育制度中部分的任務，這些組織成員彼此互動而形成教育政策，加以採用並執行；比較教育研究者要務之一就是審慎檢視這些不同形式的互動。

不過這些互動依問題的性質而有所差異；以教師的薪水為例，參與討論的可能只限於勞雇雙方，亦即提供服務的教師，及給付薪資的雇方，雇方在公立學校是管理者和公共利益團體，在私立學校就是家長。若視教師為公務員，薪資的爭議可經由法令規章、民意和全國教師公會的壓力來進行協商；若教師由地方學校委員會聘用，協商過程可能相似，但資產擁有者可能較全國納稅人對協商結果更具決定權；不過，無論全國性或地方性，教師薪水協商的結果均要從政治面、經濟面等更廣泛的大環境來考量，霍穆斯認為正式組織模式可以鑑別各項議題的參與者並分析參與者彼此間的互動。

據上例，可以發現霍穆斯相當重視個體與組織間的互動，認為如此才能檢證社會學法則；社會學法則的塑造、驗證、否證是問題解決典範中的核心關鍵；但如前所述，並不能因此將霍氏歸為完全決定論者，因為在某種已定的情境下社會學法則只是假設性、暫時且可以推翻的。

(三)自然環境類型

以社會學法則預測政策施行的成果，第四個關涉國家起始條件或情境脈絡的主要範疇亦有建構的必要，霍氏稱之為自然環境類型；自然環境類型包括諸如煤、鐵、石油等的經濟資源可能會影響社會政策的成功或失敗；但人類無法創造這些資源，僅能透

過人爲創建的制度及所擁有的科技專家加以開發。

　　岩層、地質資源、氣候構成國家的自然環境，對自然環境的描述及其間各種關係的命題結合成天文學、物理學、化學、生物學、動物學、地質學及地理學，亦即自然科學，這類自然環境的命題亦爲模式的一部分；與其他社會科學典範不同的是，這些自然科學的資料所形成的理論和信念都包括在問題解決方法論的模式中。

　　關於人類物理世界或切身相關的自然環境的知識是衍申自自然科學、地理學及人口統計學的資料；研究的技術亦如是；因此，若要評價這些自然資源、開發的科技、技術對政策決定的重要性，有必要了解某特定國家中在自然科學知識方面的累積及其在該國普及的程度。

　　例如，科威特、沙烏地阿拉伯等國所發現與開採的石油對其教育擴張政策的成功有深遠的影響，而印度普及條款的發展緩慢主要因爲缺乏可開採的經濟資源；同時不可否認的，美國高人口比例擁有高深的科學知識與技術是美國特定起始條件的重要特徵；因此，雖然不容易明確區分純粹的環境特徵與其所發展的技術，仍有嘗試的必要。

　　總之，社會資料分類系統的設計目的在簡化繁多、複雜的資料，幫助研究者鑑定與陳述教育制度存在的整體情境脈絡之相關特色；它有助於從無數的條件中進行可辨別與可重複的選擇；換言之，一位研究者的調查研究可建基於他人的研究上；霍氏指出，描述教育的情境脈絡時，不僅發生「選擇」，亦給予可能影響政策的因素各種不同的衡量；雖然相關因素的選擇與衡量多少屬於獨斷的過程，其成功與否可藉由驗證預測的結果來判斷；控制性的社會實驗是相當難做到的，所以基於實驗性的檢證很少。

第九章
方法論綜評

　　問題解決方法論自從一九六五年提出後，對整個比較教育的發展實有基本貢獻，霍穆斯在方法學方面深切的省思、理念的深度，不但在比較教育專家學者間開啟方法學的論戰，同時亦豐富比較方法的理論，為比較方法學的進展提供另一種省思的方向。

　　持平而論，問題解決法雖堪稱為比較教育新典範，對比較研究貢獻卓著，但亦難免會有闕失；因此，本章擬檢視整個方法論體系，綜評得失，期能對問題解決方法論的真正價值給予公正客觀的評斷，作為其他研究者進一步探究的基石。

一、問題解決法之「認識論假定」與 「理論模式」評析

　　身為比較教育學者，霍穆斯一直致力於將比較教育建設成一門具指引力量的教育科學，以作為教育改革的工具；這項理念反映在問題解決方法論中則相當重視研究者進行比較研究時須具備正確預測的能力；批判二元論中的社會學法則便是霍氏據以進行預測的基礎，這項設計是問題解決法的核心，同時亦為諸多學者批評的目標。

霍穆斯論及社會學法則時最常援引的例子是「若引進綜合中學並普及化，將促進社會均等」，並強調須一併考量不同國家的起始條件；然而，誠如特納（D. A. Turner）所言，除了霍氏本身所舉的美國、瑞典或工業國家的例子外，我們並不清楚如何將社會學法則與各國的起始條件相關聯；換言之，起始條件並無引入社會學法則的空間；進而言之，塑造社會學法則的目的不僅在從比較式的情境脈絡中進行預測，尚且著重將不同國家的起始條件併入考量，這種作法事實上是以一種複雜的形式合併起始條件，與諾亞、艾克斯坦所倡的以概念（或變項）名稱代替制度（或國家）名稱的目標近似，不過，霍氏對起始條件卻又作了過多的描述，以至於形成社會學法則時將國家名稱排除在外（Turner, 1987:39），此為缺失之一。

再者，如第八章所述，社會學法則屬於假設性的政策命題，要求經驗性內容，隨時可以接受驗證與駁斥，這些特徵允許社會學法則能據以進行科學預測並有推翻的可能；然而，當其他研究者據以發展社會學法則時，經常發現依解釋性內容形成的社會學法則往往較經驗性內容為佳，且能通過經驗驗證（Turner, 1987:40）；據此，霍穆斯所要求的具經驗內容的社會學法則雖符合巴博所主張——客觀、科學的知識是經驗內容愈多、愈能駁斥的知識，但並不一定為最善之策。

此外，由於人類自由意志與行為的多變，即使是周遭相當熟悉的人我們亦無法進行精確的預測，因此，霍穆斯主張社會學法則.不能具決定性；但另一方面霍穆斯卻又將馬霖森民族性的概念及團體心態納入模式中作為預測的基礎，這種人類或團體行為可以預測的假定，事實上亦同時假定人類行為具有某種程度的決定性；這部分是許多學者質疑之處，亦往往據此將霍穆斯劃歸為

完全決定論者；面對這項質疑，霍氏指出社會學法則可以塑造意指人類的行動往往引起超乎控制的結果，即使結果是非預期或不想要的，亦無法就此避免（Holmes, 1984:592），這項主張霍氏自認並不屬於完全決定論的論點，原因有二（楊國賜、楊深坑主編，民81，頁128-135）：

第一，金恩等比較教育學者常根據巴博在自然科學方面所謂完全決定論的論點抨擊霍穆斯；事實上，這是金恩等人未能分辨巴博所駁斥的決定論與霍氏所倡的社會學法則間的相似性，而將二者混為一談所致；換言之，巴博所批判的完全決定論企圖作的是無條件限制的預言，如「颱風即將來臨」即為一例，這些預言內容往往不具經驗性，不具經驗性的內容就巴博的論點而言並非客觀知識、無法駁斥，因而不具科學性；再者，完全決定論者忽視情境脈絡的重要性，追求普遍法則，並事先規劃一個理想社會藍圖，據以找出達致該藍圖的普遍歷史法則，要求人類共同遵循普遍法則以達致該理想社會，這種作法極易將社會導向極權專政；霍氏所主張的社會學法則雖亦要從事預測，但就如探討認識論假定時一再強調的，問題解決法所採用的是愛因斯坦提出相對論之後的科學哲學思想、科學方法，重視情境脈絡的重要性，尋求的是有條件限制、在既定情境下推衍的預測，反對教育有所謂萬靈丹存在，強調細部計畫性教育改革，因此並不同於巴博所抨擊的完全決定論；此外，如第八章所述，社會學法則屬假設性的政策命題，是暫時、可以推翻或駁斥的，同時社會學法則進行預測的一項特徵是須具經驗性內容，因而亦有別於完全決定論無經驗內容、不可駁斥的預言；據上述，霍穆斯並非完全決定論者。

第二，確切言之，霍穆斯可以稱之為調和社會決定論者或中介決定論者；因為霍氏並無法接受社會中每一事件均是偶然發生

的，他相信人們會依個人希望、喜好，合理、自由的作選擇並為所作的選擇負責任，無法僅僅因為行為的結果是不想要的或非預期的便逃避事實的發生，這種假定衍申自休姆的「心理決定論」（psychological determinism），休姆認為人類的活動、品味、喜好等在心理上是過去經驗的延續，再加上環境與遺傳的因素造成；因此，若能了解個人或團體行為的原因，便能預測一個人或團體的行為，也就能進而了解一個新制度的運作方式；換言之，制度是因人類需要而設立的，人類行為型態決定制度運作方式，不過，這並非意指人類行為絕對受過去經驗與環境的影響，僅表示以社會學法則進行預測時，應考慮特殊心理因素，因為在類似環境中人類行為或許會因風俗習慣而表現相同行為，但往往因心理因素的殊異性，導致一般性政策聲明因解釋或實施方式不同，行為型態也就大相逕庭。

　　簡言之，霍穆斯為建構一門比較教育科學，引進批判二元論中的社會學法則至比較教育，試圖據此進行預測；但另一方面又為避免陷入實證主義重視普遍通則、忽略起始條件的窠臼，而強調社會學法則與起始條件的關聯性，可惜的是霍氏以過於複雜的形式建構社會學法則與起始條件的關係，往往使學者——尤其是初入比較教育領域的研究者——實際進行研究時，並不清楚如何將二者作一連結；再者，社會學法則的設計亦與霍氏統整科學哲學、社會科學哲學爭議的企圖相關，所以一方面主張社會生活中有法則存在（事實上巴博亦如此主張），反對相對主義者過於否定法則的用途，另一方面又宣稱社會學法則是暫時性、可以駁斥，以拒斥實證主義者追求普遍、無條件限制的法則；霍穆斯這種企圖值得肯定，因為就如我們一再強調的，實證主義與反實證主義兩大流派的對立危及比較教育本身的存在，所以加以統整實有其

必要性，而且霍穆斯對比較教育與問題解決方法論的最終期許是細部計畫性教育改革，若不以社會學法則（假設性政策解決方案）進行預測，教育改革等於空談，不過霍穆斯本人亦承認社會學法則本身並無法完全適切說明實際問題；因此，這部分未嘗不是問題解決方法論的缺憾之一。

另外，霍穆斯建構理念型規範模式時建議採取兩種技術：經驗技術與哲學技術；後者是用來形成理性構念，也是霍穆斯投入相當多心力建構的一部分，因為霍氏相信理性構念的建立可以提供規範的一般性命題，並為較細部的研究提供簡化、可行的概念架構（Trethewey, 1976:88）。

理性構念的構想衍申自韋伯理念型的論點（Holmes, 1981: 112），目的在降低資料的主觀性並簡化繁多、複雜的資料，使其呈現意義，然而卻遭致現象學者諸如胡塞爾、史齊士的批評，認為霍氏的作法有將個體或團體定型、刻板化之虞，而且往往將事實簡化至無法接受的簡單抽象，以至於無法反映出實在；面對此一質疑，霍氏提出的回應是理性構念的設計著眼於「用途」（Holmes, 1973:17），而非反映實在；換言之，霍氏無意將團體心靈狀態刻板化或假定所有個體均具相同的人格特質、行為特色，但堅決相信如果要比較相當複雜的情境、分析特定的問題，尤其是比較不同社會的目標、期望、願景及個體、團體的行為、態度時，理性構念的簡化形式有助於使龐大複雜的主題呈現意義。不過，規範類型的建構事實上是相當複雜，篩選時又不免流於獨斷，而且研究者往往發現經驗技術較霍氏大力提倡的理性構念更能滿足研究的要求（Trethewey, 1976:89）。

進而言之，理念型模式的設計同樣與統整科學哲學爭議的企圖相關，霍穆斯擬以理念型模式去描述特定的「真實」

（actual）世界，運用憲法、立法、社會、經濟等學說推論在特定情境中個人、社會、知識本質之一般傾向，這種作法目的在防止相對主義者過於強調殊異性，否定預測、法則存在致使「比較」幾不可行之弊，遺憾的是霍氏本人亦承認理念型模式亦僅能作出不完整的分析（楊國賜、楊深坑主編，民81，頁16），因此，就統整科學哲學爭議的角度而言，問題解決方法論在理論模式方面並非十分成功。

事實上，問題解決方法論的設計因涵蓋霍穆斯對比較教育發展階段的省思、對比較教育學者的定位與期許，而呈現出某種程度的複雜性，往往使初習比較教育的學生難以理解而無法應用，礙及問題解決方法論本身的普及性（Trethewey, 1976:89）；尤其是批判二元論的應用方面，初學者經常遭致以下三項困難（Trethewey, 1976:90）：

第一，霍穆斯宣稱以批判二元論作為概念架構著重於用途而非確切符應實在，這項命題所造成的限制——無法在情境脈絡中完整描述教育制度——雖可以接受，但利用一個獨斷的架構來分類資料卻常遭抵制，即使這種架構設計的用意在促使不可避免的篩選更加明確，同時使資料更易於處理，初學者卻不是很願意採用不能反映現實的架構。

第二，初學者建構規範類型與制度類型時，往往因概念架構所要求的一般性而倍覺困難，而且個人選擇與判斷在架構中的必要性亦使初學者質疑違反方法學所要求的客觀性。

第三，霍穆斯在所著專書或期刊論文中僅作過部分說明，並未以明確、完整的例子為本身的方法學作過說明、解釋，致使初學者實際應用時面臨諸多困難。

初習比較教育者所面臨的困境與質疑並不難理解，因為霍穆

斯當初設計問題解決方法論時心心念念的是細部計畫性教育改革，企圖為特定教育問題提供政策解決方案，並藉此發展更具應用價值的知識與理論；換言之，問題解決方法論當初的設計目的並不在為比較教育初習者所用，對於學者專家或具一定程度的研究者而言，問題解決方法論可能更適合為他們所用；簡言之，霍穆斯探索比較方法學並不是為學院或大學課程——尤其是初入比較教育領域的學生——提供教學策略，而是希望比較教育在解決教育問題與教育理論理解方面能發揮更大的效用。

據上述分析，問題解決方法論雖有其不足、偏頗之處；不過，持平而論，它對比較教育、比較方法學的幾項貢獻卻不容抹殺：

第一，比較教育自從朱利安以降，歷經旅人故事期、文化借用期、歷史分析期，一直是實證主義、因果決定論居主導地位，視彌爾的歸納法為科學方法，並將之用至比較教育研究上；期間雖有薩德勒、哈立斯、馬霖森試圖反動，提出立國精神、民族性等概念與實證主義追尋的普遍、單一通則對抗；然而，這兩相對立的流派不可妥協的差異實致使比較教育的發展出現瓶頸；直至科學研究時期，主要代表人物如貝瑞岱、諾亞與艾克斯坦基本上仍在彌爾式的架構下進行比較研究；金恩身為巴博的追隨者，反對實證論、歸納法，然而並未體認比較教育當前發展階段統整不同派別的需要；問題解決方法論便是霍穆斯為統整這兩大流派間的爭議而設計的，無論是認識論假定、理論模式，我們均可以發現實證主義、相對主義的論點兼容並蓄出現其中；雖然不可否認的，霍穆斯融合這兩大派別的結果在理論模式的部分並不十分成功，但至少為比較教育進一步的發展提供另一種省思的方向。

第二，我們在探討認識論假定時已經指出問題解決法第一步驟始於問題分析或思考，這種作法相當不同於持實證主義、歸納

法主張的比較教育學者，提供比較教育學者另一種研究方向，不再以蒐集、觀察資料為研究第一步驟；同時將韓斯等歷史分析派學者追溯前因，收集歷史資料的作法作一百八十度轉變，改以歷史資料分析當前問題，著眼未來。

第三，霍穆斯將杜威的反省思考法與巴博的假設演繹法相互融合成為問題解決法的認識論假定，並應用至比較教育領域；認識論假定的提出實具相當重要的意涵，若無明確的認識論假定為基礎，不足以顯示方法論本身的立場，此其一；再者，比較教育領域長久以來就是因為實證論與反實證論在認識論方面存在不可調和的歧異，而使「比較」究竟可行與否遭致諸多質疑，危及比較教育本身的存在（楊國賜、楊深坑主編，民81，頁3），問題解決方法論明確列出本身的認識論假定，一方面有助於形成比較教育學者間的共識，另一方面亦為比較教育科學化、計畫性教育改革奠定明確的基礎。

第四，問題解決法的理論模式雖有不足之處，但大量、繁多的社會資料無可否認的透過理念型模式的規範、心態、制度、自然環境四個分類系統確能獲致某種程度的簡化，建立比較的基礎；事實上，這也是霍穆斯考量比較教育領域經常涉及跨國比較研究之需要，為建立「可比較性」，犧牲模式內容的精確性——亦即反映實在，著重模式在呈現可比較性、具意義性資料上的用途，而且據第七章的說明、分析，可以發現這種分類方式確實可以達致一定程度的效果，同時使問題解決法每一個步驟的操作過程更具精確性；事實上，霍穆斯以批判二元論為架構所設計的理論模式將傳統的社會世界與依近似法律命題的制度性世界納入考量（Holmes, 1981:77）並加以區分，據以形成資料分類系統，這種作法突破過去比較研究資料處理的方式，反對追溯歷史，著重未

來，在比較教育研究中堪稱爲創舉。

第五，由於杜威與巴博均主張知識是暫時、須不斷修正，尤其巴博更是以「可否證性」作爲科學化的判準，因此反省思考法與假設演繹法融合而成的問題解決法最後一個步驟——將預測結果與事實作一比較——事實上是開放性、指向未來的；換言之，若結果與事實不符便否證假設性政策命題，重回第一步驟檢視問題，對問題進行更深入的分析；若結果與事實相符，便暫時接受該結果，同時進行細部計畫性教育改革；因此，即使問題解決法在篩選資料時，或因模式的設計致使資料的選擇難免流於獨斷、主觀，不過，一旦操作至第五步驟時，驗證的程序所要求的客觀、科學性將彌補模式這方面的缺憾；問題解決方法論這種設計要求研究者不斷反省、批判性否證，在不斷修正知識、尋求更趨近眞理的過程中，同時將所獲致的知識進行預測，以細部、漸進的方式從事教育改革。

二、問題解決法之「折衷性」與 「未來導向預測」評析

霍穆斯歷經多次思想轉折才確立本身立場，提出問題解決典範；因此，擬以問題解決方法論兩大特質——折衷性與未來導向的預測——爲主軸，對該方法論作一評析。

首就折衷性而言，霍穆斯一向主張典範的更替是一點一滴的推動，少有對現行典範作全盤的否定；基於此一信念，再加上比較教育的發展因實證論、反實證論的對立而趨遲滯，甚至有存在的危機，霍穆斯因具統整的企圖，所以雖宣稱本身爲巴博的追隨者，卻又非絕然的反實證論者，有些學者將霍氏這種折衷的立場

稱之爲新相對主義（neo-relativism）或是新實證主義（neo-positivism）。

霍穆斯所持的折衷立場反映在問題解決方法論中，我們首先可以發現實用主義與否證論就科學哲學的角度而言乃分屬實證論與反實證論兩種派別；不過值得注意的是實用主義發展至杜威，雖亦承襲實證主義檢證的論點，但基本上杜威受愛因斯坦提出相對論之後的科學哲學思潮影響，相當重視情境脈絡，不追尋普遍法則，霍穆斯便是據此作爲杜威實用主義與巴博的否證論融合入問題解決方法論的基礎；簡言之，相對論提出之後所倡的情境脈絡或起始條件是霍氏折衷實證與反實證兩大思想流派時的基礎。

另外，比較教育歷史分析派如韓斯等人，由於承襲實證主義、歸納法、亞里斯多德的因果決定論，因此進行比較研究時，主張收集歷史資料、追溯前因（antecedent causes）；霍氏身爲巴博的追隨者，揚棄實證論、歸納法、因果決定論，但卻將歷史分析派收集歷史資料的作法納入理論模式中，不同的是霍氏並非將歷史資料用以追溯前因，而是用來分析當前問題，著眼未來，這又爲問題解決方法論折衷性之另一例。

比較教育相對主義者馬霖森民族性的概念亦見於問題解決方法論的模式中，霍氏相信民族性與團體心態能作爲比較研究時正確預測政策施行成果的基礎；但相對主義、現象學等反實證派所主張的參與式人種方法學的研究取向又不爲霍氏所贊同，認爲不需要徹底從實證主義、歸納法轉移至現象學與人種方法學。

另外，霍穆斯因受早年自然科學受教背景的影響，設計理論模式時兼採目的論與機械論的解釋，一方面同意目的論所主張──學校中相似的變遷在環境中所造成的影響可以描述與比較，另一方面又反對目的論者將制度擬人化，霍氏認爲社會制度本身

不具意志作用，制度運作的方式端賴個體行爲的方式，這種論點乃偏機械論的解釋；據此可以發現理論模式中的折衷性質。

　　據上述，可以發現霍穆斯將實證主義與諸如相對主義、現象學等反實證主義的論點均兼容並蓄融入問題解決方法論中，因此，無論是將霍氏劃歸爲實證主義者、完全決定論者或相對主義者均失之誇大；新相對主義者或新實證主義者或許較爲恰當。至於問題解決方法論所具有的折衷性質，促使無論是反實證論者或實證論者均可以在方法論中發現本身所支持的論點，遺憾的是調和這兩種不相容的認識論是如此難以處理——特別是理論模式的部分，因此並不十分成功；事實上，問題解決法的接受度或普及度並不高（楊國賜、楊深坑主編，民81，頁17）。

　　次就未來導向的預測而言，正確預測的能力是問題解決法的關鍵所在，目的在以政策解決方案進行細部計畫性教育改革；析言之，若在政策形成、採用之際未能作某種程度、有條件限制的預測，計畫性教育改革便是空談。

　　霍穆斯以批判二元論中的社會學法則進行預測，關於社會學法則的優缺點已於第一節作過說明，此處不再贅述；不過，霍穆斯建構問題解決法時爲「預測」預作諸多考量。首先，霍氏爲避免落入實證主義或完全決定論者所主張的無條件限制的預言，以問題分析爲研究第一步驟，進而主張根據研究者的需要採不同的社會變遷理論審愼分析問題，期使問題分析更能深入；其次，將反省思考法與假設演繹法相互結合成爲問題解決法的五個步驟，誠如第七章所述，這兩種科學方法相當重要的一項特徵是「未來導向」，未來導向的特徵主張假設須不斷接受駁斥、否證，假設的可否證性便是科學與假科學的判準；換言之，問題解決方法論所主張的預測是科學的、未來導向的，同時亦是有條件限制的。

最後，霍穆斯據假設演繹法中解釋、預測、驗證來將比較教育與比較教育學者定位為理論科學與應用科學、理論科學家與應用科學家；比較教育學者扮演理論科學家時，應持批判性的態度，著重形成政策、驗證政策以便消除最不可能成功的方案；而扮演應用科學家時，則應接受最適當的政策、建議政府付諸實行的益處，進而告知特定政策施行時可能導致的結果（好或壞）；不過，據霍穆斯本人對預測、教育改革的重視，可以發現霍氏較傾向應用的角色及定位；畢竟理論科學是為應用科學而存在的，知識若不應用於實際，就世界改善論的觀點而言並無意義。

　　綜上所述，問題解決典範對比較教育或教育計畫者實具重要意義；傳統比較教育學者長久以來致力追尋的「教育萬靈丹」事實上是不切實際，而且是錯誤的；霍氏主張比較教育學者應持批判性的態度，體認身為研究工作者（理論科學家）與教育計畫者（應用科學家）的兩種重要任務：前者須找出若假設性政策解決方案置於國家環境中並有效實施，規範、制度、心態及自然環境應如何配合，後者一方面要批判性拒絕在個別國家情境中不可行的政策，另一方面尚需指陳獲經採用的政策施行時如何達致一定程度的效果。

第十章
方法論結論

　　問題解決方法論是以杜威實用主義與巴博否證論爲理論基礎，再以杜威的反省思考法、巴博的假設演繹法作爲方法論的認識論假定；此外，又納入巴博的批判二元論作爲理論模式設計的基礎，以社會變遷理論作爲分析問題的基礎，並設計規範類型、制度類型、心態類型及自然環境類型作爲社會資料分類系統；方法論的體系大致確立。

　　據前述各章的探討，作者構畫出問題解決方法論的架構圖，本章擬以該架構圖對整篇論文作一簡要歸結，見**圖 10-1**。

　　筆者據該架構圖所得的結論如下：

　　第一，問題解決法以愛因斯坦相對論提出之後的科學哲學思想爲理論基礎，融合杜威的實用主義與巴博的否證論。

1. 就社會層面而言，問題解決法揚棄社會絕對進步的觀點，改持相對、保守的態度；同時肯定社會變遷，主張採民主、計畫的方式導引社會變遷，因此，細部社會工程是問題解決法進行改革的方式。
2. 就個人層面而論，問題解決法主張個人爲社會的主體，個體能運用思考解決問題、適應環境。

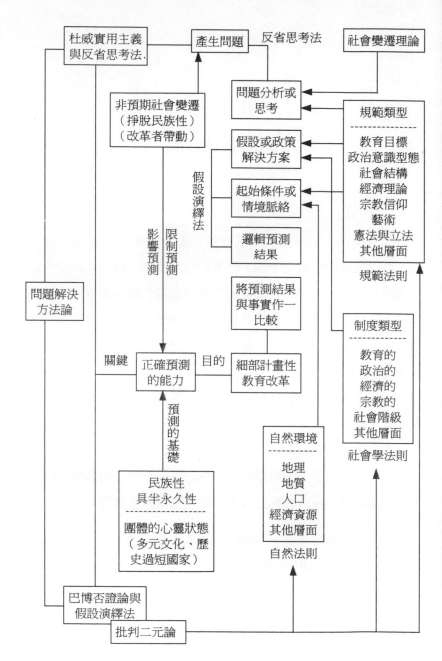

圖 10-1　霍穆斯問題解決方法論架構圖

3.就知識層面而言，問題解決法持進化、經驗的論點，揚棄「真理」此一靜態的概念，反對有所謂最終的知識存在，主張經驗性內容愈多的知識，愈是客觀的知識，同時知識是透過經驗不斷改造、繼續發展的。

第二，問題解決法以反省思考法與假設演繹法相容而成為認識論假定，具開放性以及未來導向性。

1.問題解決法主張收集資料時以假設作為引導，亦即理論先於觀察的主張，與傳統歸納法以觀察為資料收集第一步驟的論點大相逕庭，是為一大特色。

2.問題解決法相當重視情境脈絡在研究中的地位，情境脈絡就跨國比較研究的術語而言便是「國情」，問題解決法第三個步驟——起始條件，便是為各國國情差異的考量而特地列示的步驟。

3.據假設演繹法三成分——普遍法則、起始條件、邏輯推演而出的單稱命題——而論，反省思考法第二至第四個步驟恰為假設演繹法整個邏輯推演程序，故二者可相互融合。

4.問題解決法第五個步驟是指向未來的，第二個步驟所提出的政策解決方案至第五步驟時若遭否證，須重回第一步驟更深入分析問題。值得注意的是，即使解決方案遭否證，仍獲致一些知識，這些知識便是進一步分析問題的基礎；若解決方案證諸事實後無誤，便可暫時接受該方案，進而進行細部計畫性教育改革。

第三，問題解決法的理論模式以批判二元論為基礎，所設計的規範、心態、制度、自然環境四種資料分類系統提高問題解決

法操作過程的精確性。

1. 規範類型與心態類型的設計理念乃衍申自批判二元論中的規範法則，制度類型則來自社會學法則，自然環境類型的設計雖非直接來自批判二元論，但卻與自然法則間接相關。

2. 由於問題解決法假定社會中的變遷常為非預期、意料之外的，因此，問題解決法主張在第一步驟「問題分析」，對非預期社會變遷所產生的社會問題進行分析時，若要深入並為其他研究者所套用，須以社會變遷理論作為第一步驟分析、思考問題的基礎；社會變遷理論的選擇乃依研究者的興趣與研究需要而定。

3. 四種類型的社會資料分類系統收集資料時著重「用途」，而非反映實在，而架構圖中所示的四種類型各個細目可再依研究者需要或研究目的作更進一步的細分；這種分類方式的目的在以一種有意義的方式，呈現「可比較性資料」。

第四，問題解決法以預測為核心，最終目的在細部計畫性教育改革。

1. 霍穆斯進行細部計畫性改革的方式便是形成可駁斥的社會學法則，並據以進行預測；不過，非預期的社會變遷往往會限制、影響預測，因此霍穆斯引進馬霖森民族性的概念至理論模式的心態類型中，進而又考慮現今文化的多元，許多新興國家歷史過短，因而另外又納入團體心態至心態類型中，形成預測的基礎。

2.由於問題解決方法論重視進行教育計畫時情境脈絡（國情）的重要性，因此反對教育萬靈丹式的教育計畫。

3.以社會學法則預測教育成果的作法使霍穆斯遭批評為實證主義者、完全決定論者；然就方法論的理論基礎、認識論假定及理論模式所呈現的折衷性而論，新實證主義者或新相對主義者或者更為恰當。

據前述，筆者提出兩項建議：

第一，理論模式方面：

1.霍穆斯設計理論模式的目的在簡化、分類繁多複雜的資料，為使資料呈現概念的清晰與簡化，理論模式的設計犧牲資料內容的精確性，因而較無法反映實在，不過，較不能反映實在的資料分類模式往往較不易為研究者接受；建議未來研究時可對模式這部分作一調整，在一般性與簡化、細部與複雜間找出平衡點，使資料分類時能兼顧「實在」與「用途」二者。

2.理論模式的設計概念衍申自社會學（韋伯的理念型模式）領域，而作為概念架構的批判二元論則屬哲學領域的知識；再細究模式中的四個資料分類系統的細目，含括政治、經濟、教育、宗教、地理、地質學、心理學等諸多領域，因此，建議以問題解決方法論進行比較研究時，集合各個領域的專家學者，成立一個科際整合小組，以增加研究的深度與廣度。

第二，理論模式與問題解決法五步驟的連結方面：

1.理論模式的規範、心態、制度及自然環境四個資料分類系

統在實際進行操作時如何與問題解決法的五步驟相關聯？每一個步驟進行操作時須輔以哪些資料分類系統？霍穆斯對這些研究過程相當重要的問題並未在本身的方法論中明示，建議未來研究時，可以加強這方面的不足。

2.問題解決方法論著重從政策面進行教育改革，此一論點強調「預測」在教育改革中的重要性，但霍穆斯卻又以過於複雜的形式建構社會學法則，以至於研究者在連結社會學法則與起始條件的關係時往往遭遇困難；是故，社會學法則與起始條件的關係在未來研究時有進一步簡化的必要。

附錄一
霍穆斯歷年論文著作

<u>1954</u>

"The Teacher of Teachers," *Education for Teaching*, No. 32, May.

"UK: Education and Development," *The Year Book of Education 1954: Education and Technological Development* (London, Evans).

<u>1956</u>

"Teacher Training and the Science Curriculum," *Science Curriculum* (a report of a meeting of experts) (Hamburg, Unesco Institute for Education).

"The Reform of English Education under the 1944 Act," *The Year Book of Education 1956: Education and Economics* (London, Evans).

With J. A. Lauwerys, "Der aufgabenbereich der vergleichenden erziehungswissenschaft," in Hans Espe(Ed.), *Vergleichende Erziehungswissenschaft* (Berlin, ORBIS Verlag).

"Some Writings of William Torrey Harris," *British Jour-*

nal of Educational Studies, (1).

1957

"Education as a Profession," *Education for Teaching*, No. 44, November.

American Criticism of American Education (Columbus, Ohio, College of Education, Ohio State University).

1958

"Social Change the Curriculum," in George Z. F. Bereday & J. A. Lauwerys (Eds.), *The Year Book of Education*, 1958 (London, Evans).

"Comparative Education and the Administrator," *Journal of Higher Education*, 24(5).

"The Problem Approach in Cmparative Education," *Comparative Education Review*, (1).

"Martin Langeveld: Sympathy as Method," from a Correspondent in *The Times Educational Supplement*, 22, August.

"The Nature of Scientific Truth," *Art, Science and Education* (London, Joint Council for Education through Art).

1959

"Research in England," *Research in Education*, report of an educational conference, Tokyo.

1960

"Methodology in Comparative Education," *Education Libraries Bullentin*, No.9, Autumn.

"Soviet Education in Transition," *Phi Delta Kappa*, 42(2).

(Ed.) "New Media and the Promotion of International Understanding," *The Year Book of Education, 1960: Communication and the School* (London, Evans).

1961

"Polytechnical Education in the USSR," *Bulletin of the Institute of Physics and the Physical Society*, March.

1962

"Education in the United States of America," *Annual Report 1961-2*, University of Southampton, Institute of Education, Southampton, December.

1963

"Teacher Education in a Changing World," *The Year Book of Education, 1963: Education and Training of Teachers* (London, Evans).

"Organization of Teacher Training," *The Year Book of Education, 1963: Education and Training of Teachers* (London, Evans).

"From McNair to Robbins," *Journal*, Newcastle-upon-Tyne, University Institute of Education, No.75, November.

"The Explosion of Expectations and Racial Problems," *The Link* (Espergaerde, Denmark), December.

With S. B. Robbinsohn, *Relevant Data in Comparative Education,* a report of an expert meeting, 11-16 March, 1963 (Hamburg, Unesco Institute for Education).

With T. Bristow, *Teaching Comparative Education, Unesco Abstracts* (annotated bibliography with introductory essay), 15(4).

1964

"The Education of Teachers: the Conant Report," *Education for Teaching*, No. 63, February.

"Higher Education in Britain," *Journal of Higher Education*, 35(7).

"Education as a Human Right in Depressed Areas," *The New Era*, 45(10).

1965

"The Reflective Man: John Dewey," in P. Nash et al. (Eds.), *The Educated Man: Studies in the History of Educational Thought* (New York, Wiley).

"Rational Constructs in Comparative Education," *International Review of Education*, 11(4).

With Ann Dryland, "The Role of Examinations in an Expanding Educational System," *Aspects of US and UK Examination Systems* (London, Association of Technical Institutions).

Problems in Education: a Comparative Approach (London, Routledge & Kegan Paul) (translated into Italian and Japanese).

1966

"Comparative Education and the Education of Teachers," *Bulletin*, University of London, Institute of Education,

No.10, Autumn Term.

1967

"Lawrence A. Cremin's 'The Genius of American Education'," *History of Education Quarterly*, (1).

"Idealism in Education," *Studies in the Philosophy of Education*, 5(1).

"Education in Western Europe," in John Calmann (Ed.), *Western Europe: a Handbook* (London, Blond).

Educational Policy and the Mission Schools (Ed. and contributor) (London, Routledge & Kegan Paul).

1968

"Curriculum Reform in the USA," *The Changing School Curriculum*, report of the CESE (British Section) Conference at Bolton, University of Reading.

With T. Bristow, *Comparative Education Through the Literature* (London, Butterworth).

1969

"A Look to the Future and a Brief Plea for the Comparative Approach," in Guy Benveniste & Warren F. Ilchmann (Eds.), *Agents of Change: Professionals in Developing Countries* (New York, Praeger).

"Comprehension and Apprehensions Concerning American Educational Philosophy," in S. E. Fraser (Ed.), *International Education: Understandings and Misunderstandings* (Nashville, Tenn., Peabody International Center).

"An European View of American Educational Philosophy," in S. E. Fraser (Ed.), *American Education in Foreign Perspectives* (New York, Wiley).

1970

"Educational Change in Europe," *Educational Leadership*, (4).

"International Education in Great Britain," *Phi Delta Kappa*, (5).

"The Contribution of History to a Science of Education," in Paul Nash (Ed.), *History and Education* (New York, Wiley).

"Education in Eastern Europe," in G. Schopflin (Ed.), *The Soviet Union and Eastern Europe: a Handbook* (London, Blond).

"Education in Cities," in J. A. Lauwerys & David Scanlon (Eds.), *The World Year Book of Education, 1970: Education in Cities* (London, Evans).

"Health Education—a Required Subject in Schools and Colleges," *The Health Education Journal*, 29(3).

1971

"The Future of Teacher Education in England and Wales: a Comparative View," *Education for Teaching*, No.85, Summer.

"University, Higher Education and Society," *The World Year Book of Education, 1971／72: Higher Education in a Changing World* (London, Evans).

"General Education: Some Comparative Guidelines," *General Education*, No.7, Autumn.

"Movements to Liberalise the Schools in Different Countries," *Towards a Freer School*, Loccumer Protokolle 3/71, Loccum.

With R. Ryba (Eds.), *Curriculum Development at the Second Level of Education*, Comparative Education Society in Europe, Proceedings of the Fourth General Meeting, Prague, 1969, The Society, London.

A Cross-National and Interdisciplinary Analysis of Secondary Educational Change in England, France and Sweden (report of a conference at Kent State University), US Office of Education (Bureau of Research), Washington, DC.

With R. Ryba (Eds.) *Teacher Education*, Comparative Education Society in Europe, Proceedings of the Fifth General Meeting, Stockholm, 1971, The Society, Stockholm.

"The Politics of Teacher Education," in B. Holmes & R. Ryba (Eds.), *Teacher Education*, Comparative Education Society in Europe, Proceedings of the Fifth General Meeting, Stockholm, 1971, The Society, Stockholm.

"Cambio social education y education," *Education y Cambio Social Jornadas Adriano Olivetti de Education*, Ediciones Cultivales Olivetti, Buenos Aires.

"Politicia de la education de profesor," *Perspective Pedagógicas*, No.28.

"Storm Signals, this Time From the Grandes Ecoles," *New Academic*, No.1, 6.5.71.

"Comparative Education," *The Encyclopedia of Education*, Vol.2 (N. Y., Macmillan).

1972

"Concepts of Culture and Society in Education Research," *Philosophical Redirection of Educational Research*, 71st Year Book of National Society for the Study of Education, NSSE, University of Chicago Press, Chicago.

"Universities and James Report: a Case for Two Year Awards," *The Times Higher Educational Supplement*, 17 March.

"Examinations—a Comparative View," *Compare*, 3(1).

"Nursing as a Profession," *Nursing Times*, 25 May.

"The Development of Higher Education: a Comparative Survey," in S. J. Eggleston (Ed.), *Diversifying Postsecondary Education in Europe, Paedagogica Europaea*, 7.

"Teacher Education in Europe," *Secondary Education*, 2(3).

"Saul B. Robbinsohn: in Memoriam," *International Review of Education*, 18(3).

"Life and Work," in A. R. Pemberton (Ed.), *Life and Work*, Proceedings of the Comparative Education Society in Europe (British Section), Sixth Conference,

1971, University of Reading.

"L'éducation en Angleterre et en Pays de Galles," in M. Debesse & G. Mialaret (Eds.), *Traité des sciences pédagogiques, Vol.3 Pédagogie comparée* (Paris, Presses univertaires de France).

"Comparative Education as a Scientific Study," *British Journal of Educational Studies*, 20(2).

"Education in Japan," *Guardian*, 28 June.

"Los 'constructos' teóricos en la educación comparada," in Angel Diego Marquez (Ed.), *Educatión comparada: teoria y metodologia* (Buenos Aires, El Atoneo).

"Can James be Made to Work?" *Education for Teaching*, No.88, Summer.

1973

"Teacher Education in England and Wales: a Comparative View," in D. E. Lomax (Ed.), *The Education of Teacher in Britain* (London, Wiley).

"Toward a General Education" in Joseph Lauwerys & Graham Tayar (Eds.), *Education at Home and Abroad* (London, Routledge & Kegan Paul).

With David G. Scanlon (Eds.), *The World Year Book of Education, 1971／72: Higher Education in a Changing World* (London, Evans).

With Reginald Edwards et al. (Eds.), *Relevant Methods in Comparative Education*, Report of a Meeting of International Experts, Unesco Institute for Education,

Hamburg.

With R. Ryba (Eds.), *Recurrent Education: Concepts and Policies for Lifelong Education*, Comparative Education Society in Europe, Proceedings of the Sixth General Meeting, Frascati, The Society, London.

With Joseph Lauwerys et al., *Present Problems in the Democratisation of Secondary and Higher Education* (Paris, Unesco).

"Leicestershire, United Kingdom," *Case Studies of Educational Innovation, Vol.2, At the Regional Level* (Paris, OECD).

"Recurrent and Lifelong Education in Comparative Perspective," *Recurrent Education: Concepts and Policies for Lifelong Education*, Proceedings of the Sixth General Meeting, Comparative Education Society in Europe, Frascati, The Society.

"Comparative Eucation as a Scientific Study," in H. J. Krause, E. Neugebauer, J. H. Sislian & J. Wittern (Eds.), *Orientierungspunkte Internationaler Erziehung, Essays und Fallstudien zur vergleichenden Erziehungsforschung* (Hamburg, Fundament-Verlag Dr Sasse).

1974

"Metoder i den comparative paedogogik," *Paedagogiske problems i Komparativ Belysung*, Festschrift for Professor K. Grue-Sørensen (Copenhagen, Jul Gjellerup Forlag).

"The World Year Book of Education: a Postscript," in P. Foster & J. R. Sheffield (Eds.), *The World Year Book of Education, 1974: Education and Rural Development* (London, Evans).

"Vergleichende Erziehungswissenschaft als Wissenschaftliche Disziplin," in A. Bush et al. (Eds.), *Vergleichende Erziehungswissenschaft: Texte zur Methologie-Diskussion* (Pullach bei München, Verlag Dokumentation).

"Curriculum Innovation at the Second Level of Education, Educational Documentation and Information," *Bulletin of the International Bureau of Education*, 4th Year, No.190, lst Quarter, 1974, IBE, Geneva (Annotated Bibliography).

1975

"The Contribution of Comparative Education to Educational Research," *Paideia*, Vol.4 (Warsaw, Akademia Nauk).

In Memoriam Nicholas Hans, Robert Williams(Ed.), University of London (London, Institute of Education).

"The Problem Approach in Comparative Education: Some Methodological Considerations," in Cliff Bennett (Ed.),*Comparative Studies in Adult Education: an Anthology*, Publications in Continuing Education (Syracuse, N.Y., Syracuse University).

"School and Community," in R. Ryba & D. Kallen (Eds.), *School and Community*, Proceedings of the Comparative Education Society in Europe, Seventh General Meeting, Sevres, The Society.

"Comparative Education and the Philosopher," *Przeszkosć Przyszlosci* (Warsawa, Państwowy Instytut, Wydawneczy).

1976

"Examinations and Assessments and European Co-operation," *Trends in European Education* (Glasgow, Jordan Hill College).

"Methodology in Comparative Education," in D. J. Foskett (Ed.), *Reader in Comparative Librarianship* (Englewood, Colo., Information Handing Services).

"Comparative Education and Educational Innovation," *Newsletter*, World Council of Comparative Education Societies, (3).

"American and English Education Compared, *Trends in Education*," No.3.

"Diversidad y unidad por medio de la educación," *Perspectivas Pedagógicas*, (37-8).

1977

"The Positivist Debate in Comparative Education: an Anglo-Saxon Perspective," *Comparative Education*, (2).

"Una mirada retrospective a la Conference de Londres," *Perspectivas Pedagógicas*, (41-2).

"Diversity and Unity in Education: a Conference Report," *International Review of Education*, (24-1).

"Comparative Education and the Philosopher," *Paideia*
(Festschrift for Professor B. Suchodolski).

"Science Education: Cultural Borrowing and Comparative
Research," *Studies in Science Education*, 4.

<u>1979</u>

"Education in Japan," in *The Year Book of World Affairs*,
Vol.33 (London, The London Institute of World
Affairs／Stevens).

"Thoughts on Education in the Third World," *Review of
Education*, 5(3).

"Analyses that Fall Short," *The Times Educational Supple-
ment*, 7 December 1979.

"Neo-Hegelians in Education: a Warning to Marxists,"
Review of Education, 5(4).

"Los precursores de la educación comparada," *Revista de
Educación*, No.260, April.

*Ivory Towers, the Glass Bead Game and Open Societies:
the Social Functions of Comparative Education* (Lon-
don, University of London, Institute of Education).

International Guide to Education Systems, ibedata (Paris,
Unesco).

"Comparative Education in Historical Perspective," *British
Book News*, December.

"Thoughts on Education in the Third World", *East-West
Education*, 2(1), No.1, Spring.

(Ed.) *Diversity and Unity in Education* (London, Allen &

Unwin).

1981

Comparative Education: Some Considerations of Method (London, Allen & Unwin).

"Education in the Soviet Union," in E. Ignas & R. J. Corsini(Eds.), *Comparative Education* (Itasca, USA, Peacock).

"The Social Functions of Comparative Education," in U. Baumann, V. Lenhart & A. Zimmermann (Eds.), *Vergleichende Erziehungswissenschaft, Festschrift für Hermann Rohrs Zum 65 Geburgstag* (Wiesbaden, Akdemische Verlagsgesellschaft).

"Joseph Lauwerys at the London Institute," in M. McLean (Ed.), *Joseph A. Lauwerys: a festschrift*, Education Libraries Bulletin, Supplement 22, (London, University of London, Institute of Education Library).

"Models in Comparative Education," *Compare*, 11(2).

"Comparative Higher Education: a Bibliographical Review," *Education Libraries Bulletin*, 24(1).

"Sociology and Comparative Education," *International Review of Education*, 27(4).

"The Politics of Education : Comparative Analysis," in A. R. Welch (Ed.), *The Politics of Educational Change* (University of New England).

1982

"England and Wales," in S. Landblad & E. Wallin (Eds.),

Fran förskola till hogskola i olika länder (Lund, Studentlitterature).

"Muddles and Confusion in Comparative Education," in R. Cowen & P. Stokes (Eds.), *Methodological Issues in Comparative Education* (London, London Association of Comparative Education).

"Joseph Lauwerys," *Compare*, 12(1).

1983

International Yearbook of Education: Educational Development Trends (Paris, Unesco).

International Handbook of Education Systems, Vol.1 Europe and Canada (Ed.) (Chichester, Wiley).

"Trends and Perspectives in Higher Education," in O. Anweiler & A. G. Hearden (Eds.), *From Secondary to Higher Education* (Koln, Wien Bohlau Verlag).

"A Methodological Viewpoint in Comparative Studies," in J. Luukkonen (Eds.), *Kasvatuksen Yulevaisuus* (Helsinki, Otava).

"L'analyse des problémes en education comparée," in CIEP, *Offers á Jean Auba* (Sévres, les Amis de Sevres).

"Quality in Education," in B. Creemers, W. Hoeben, K. Koops(Eds.), *De Kwaliteit van het onderwijs* (Haren, Walters Noordhoof).

"Commentaries on Epstein," *Comparative Education Review*, 27(1).

<u>1984</u>

"A Comparativist's View of Chinese Education," in R. Hayhoe (Ed.), *Contemporary Chinese Education* (London, Croom Helm).

"Parental Choice in Education," in P. Harding (Ed.), *New Directions in Educational Leadership* (Brighton, Falmer).

"The Politics of Educational Reform," in I. Slade (Ed.), *Managing Curricula: a Comparative Perspective* (London, London Association of Comparative Educationists).

"Educational Theory and Political Ideology," *Education Today*, 34(3).

"Paradigm Shifts in Comparative Education," *Comparative Education Review*, 28(4).

<u>1985</u>

Equality and Freedom in Education: a Comparative Study (Ed.) (London, Allen & Unwin).

"The Problem (Solving) Approach and National Character," in K. Watson & R. Wilson (Eds.), *Contemporary Issues in Comparative Education* (London, Croom Helm).

"Policy Formulation Adoption and Implementation in Democratic Society," in J. Lauglo & M. McLean (Eds.), *The Control of Education: International Perspectives on the Centralization-Decentralization Debate*

(London, Heinemann Educational Books for the University of London Institute of Education).

"Cultural Diversity and Education," in W. Mitter & J. Swift(Eds.), *Education and the Diversity of Cultures*, Vol.2 (Koln, Wien: Bohlau Verlag).

"Trends in Comparative Education," *Prospects*, 15(3).

1986

"Science, Technology and Education," in H. Van Daele & M. Vansteenkiste (Eds.), *The Impact of Technology on Society and Education* (Antwerp, University of Instelling).

"Paradigm Shifts in Comparative Education," in P. G. Altbach & G. P. Kelly (Eds.), *New Approaches to Comparative Education* (Chicago, University of Chicago Press).

1987

"History in the Service of Comparative Education," in R. F. Lawson, V. D. Rust & S. Shafer (Eds.), *Education and Social Concerns: an Approach to Social Foundations* (Ann Arbor, Michigan, Pankber).

"Problems Facing Teachers as Members of a Profession," *Education Today*, 37(1).

附錄二
霍穆斯所指導的博士論文

（※爲與羅威士共同指導）

<u>1955</u>

※Bibby, C. (UK) "T. H. Huxley: His Place in Education."

※Couch, V. J. (UK) "A Sociological Interpretation of the Development of Technological Education in England, France and Germany during the Twentieth Century."

<u>1957</u>

※Dalvi, M. A. (India) "Commercial Education in England during 1851-1902: an Institutional Study."

<u>1960</u>

※Gumbert, E. B. (USA) "A Comparative Study of the Norms and Institutions of English and American Education, 1870-1900."

<u>1961</u>

Ruberu, T. R. A. (Sri Lanka) "Educational Developments under the British in Ceylon during the Period 1796-1834."

<u>1962</u>

Mukhopadhyay, K. C. (India) "A Critical Analysis of Educational Policy in India since Independence hgphen With Special Reference to the Economic Development of the Country."

Sarkar, P. (India) "The Development of Education among Girls and Women in Modern India."

1963

※Graves, N. J. (UK) "Education for Industry and Commerce in French Public Elementary and Secondary Schools during the Nineteenth Century: Some Historical and Comparative Aspects."

※Halsall, E. F. (UK) "A Comparative Study of Levels of Attainment in French in Holland, England and the Flemish Speaking Parts of Belgium."

Oad, L. K. (India) "A Comparative Study of Some Central Issues in Education in Relation to the Roles Played by Groups Interested in the Formulation of Educational Policies," (India and England)

Rajaindran, A. (Sri Lanka) "Some Issues between Church and State in Ceylon in the Education of the People from 1870-1901."

※Sharma, C. L. (India) "A Comparative Study of the Processes of Making and Taking Decisions within Schools in the UK and USA."

1964

Mikhall, N. H. (Egypt) "The Contribution of the British Association for the Advancement of Science to Education in England and Selected Countries Abroad."

1965

Ratanasara, H. (Sri Lanka) "A Critical Survey of Pirivena Education in Ceylon from 1815—With Special Reference to Vidyalankana Pirivena."

※Saffin, N. W. (Australia) "The Nature and Efficacy of the Educational Aims and Policies of the Non-Anglican Protestant Denominations in Effecting Educational Change in New South Wales 1844-80 Set against the Background of Other Operative Factors."

1966

Galal, A. F. A. K. (Egypt) "Adult Education in the UAR (Egypt)—With Special Reference to the Work of Selected Organizations."

Jayaweera, S. (Sri Lanka) "A Comparative Study of British and American Colonial Education Policy in Ceylon and the Philippines from 1900 to 1948."

1967

Darwish, M. A. R. M. (Egypt) "A Comparative Study of Some Problems in Teacher Education in the United Arab Republic and the United States of America."

Elgayar, S. I. M. (Egypt) "The Impact of Modern Democratic Thought on Education—With Special Reference to England and the United States."

Wassef, W. A. (Egypt) "A Comparative Analysis of Selected School and Major Projects in Science Educa-

tion in Four Countries in Relation to the Explosion of
Scientific Thought."

1968

Algiyawanna, K. L. V. A. (Sri Lanka) "A Study of Educa-
tional Policy in Ceylon during the Nineteenth Century."

1969

※Benedetti, A. (Italy) "Educational Policy and Economic
Development—With Special Reference to Present Day
Italy."

Duke, B. (USA) "The Japanese Teachers' Union: Twenty
Years of Militancy."

Morsi, M. M. (Egypt) "The Control of General Education
in State Schools in the UAR (Egypt)—With Special Ref-
erence to the Role of the Ministry of Education."

Price, R. F. (Australia) "The Chinese Tradition in Educa-
tion and Contemporary Theory and Practice."

1970

Ekuban, E. E. (Ghana) "British and American Policies on
Technical Assistance in Education in West Africa—
With Special Reference to Higher Education in Ghana
1945-1968."

Fraser, S. E. (Australia) "British Commentary on Amer-
ican Education 1814-1914."

Ryerson, N. F. (USA) "A Comparative Study of the Role
of Administrative Agencies in Curricular Change in Eng-
land and the USA."

1971

Zeldin, D. (UK) "A Comparative Study of Some Aspects of 'Service to the Community' by Teenagers in England and the USA."

1972

Guenther, I. (UK) "A Study of the Evaluation of the Technischehochschule."

Jackson, R. (UK) "A Comparative Study of Political Socialization—With Special Reference to England and Asian Children in English Secondary Schools."

Shamsavary, P. (Iran) "A Comparative Study of the Relationship between Education and Political Stability: a Comparative Analysis of Relationships between Education and Political Stability with Illustrative Case Studies."

1973

Paul, R. H. (Canada) "Organizational Structure and Professional Autonomy: a Comparative Study of Teacher Authority Conflict in Montreal and Outer London."

1974

Agha, M. S. (Egypt) "A comparative Study of the Modernization of Muslim Education in Egypt, Pakistan and Turkey since Their National Independence."

Singh, B. R. (UK) "The Development of Technical and Vocational Education in Britain and America 1870-1940: a Comparative Study."

1975

Howard, J. B. (USA) "Changing Opinions in the Soviet Union about American Educational Theories 1920-1970."

Hoy, C. H. (UK) "Education and Minority Groups in the UK and Canada: a Comparative Study of Policies and Objectives."

Kerawalla, G. J. (India) "A Comparative Study of the Factors Influencing the Language Policies in India and the USSR."

Wanasinghe, J. (Sri Lanka) "A Comparative Study of the Teaching of Science in the Secondary Schools of England and Ceylon."

1976

Betts, R. S. (UK) "Non-reform in the West German School System 1949-1969."

Koh, E. K. (Malaysia) "A Comparative Study of American and British Technical Assistance to Rural Primary Education in Liberia and Uganda Respectively 1940-1965."

1977

Chong, S. C. "Educational Technology and the New Media —a Critical Appraisal."

1978

Abbassi, M. (Algeria) "Wastage in the Algerian System of Education: a Comparative Study of Policy Solutions in France and the UK."

Brennan, J. J. (UK) "The Rights and Duties of the Family and State in the Education of Children: an Historical and Comparative Study of Legislation and Practice in Some Countries in Western Europe."

McLean, M. (UK) "A Comparative Study of Assimilationist and Adaptionist Policies in British Colonial Africa, 1925-1953—With special reference to the Gold Coast and Tanganyika"

Mina, F. M. (Egypt) "An Evaluation of Some Contemporary Geometry Syllabuses in Secondary Education —With A. Penfold"

Rhodes, F. A. (UK) "The Influence of Professional Organizations in the Evolution of the State System of Secondary Education in England and France since 1939."

1979

Alyah, M. K. Y. (Kuwait) "Guidelines for the Development of Primary Teacher Education in Kuwait."

Dimmock, C. A. J. (UK) "A Comparative Analysis of Policymaking and Resource Allocation in the Teacher Labour Markets of England and Wales and the United State since 1945."

Madkour, A. A. A. (Egypt) "Curriculum Development in the General Secondary School in Egypt since 1952 —With Compparative Reference to the Secondary School in America and the Grammar School in England." (with R. Cowen)

Metwally, M. M. (Egypt) "A Comparative Study of the Reorganization of Secondary Education in the United States, England and Sweden after 1945 — With Reference to Emerging Policies in the Arab Republic of Egypt."

Soliman, S. G. (Egypt) "Adult Education and Modernity in the Arab Republic of Egypt—a Comparative Study of Adult Education Policy in the Arab Republic of Egypt and England."

1980

Boulos, W. A. (Egypt) "Physics in the Curriculum of General Secondary Schools in Egypt—a Comparative Study —With Reference to Trends in English Sixth Forms."

Mattheou, D. (Greece) "The Politics of Educational Change—a Case Study of the Greek Secondary School Curriculum in the Post-World War II Period."

Walsh, M. J. (UK) "A Contribution Made to the Education of Women by Catharine Beecher in the 19th Century."

1981

Bash, L. (UK) "A Comparative Study of Political Education in England and the United States—With Special Reference to Social Change in Advanced Capitalist Countries."

Cowen, R. (UK) "Mass and Elite Aspects of Educational Systems: a Comparative Analysis."

Grumbach, G. D. S. (UK) "Polarization of Political Education in the Federal Republic of Germany since 1954."

Odaet, C. F. (Uganda) "A Comparative Study of Curriculum Development and Implementation in Liberia and Uganda."

Price, B. J. (Australia) "Contracting Resources in Education: a Comparative Study of the Politics of Educational Planning and Policy Making in England and Australia."

Slade, I. (UK) "Non-reform in West German Physics Teaching: a Comparative Study."

1982

Babatunde, E. D. (Nigeria) "Missionary and Yoruba Ideas on Education and Post-independence Government Policies."

Stokes, P. L. (UK) "A View of University Reform Endeavour in West Germany."

Turner, D. A. (UK) "A Comparative Study of Theories Which Inform National Systems of Science Education —With Special Reference to PSSC and Nuffield Physics."

1983

Savas-Ulkuer, N. (Turkey) "Early Childhood Education in Turkish 'Gecekondu': a Comparative Perspective." (with R. Cowen)

1984

Abu-Dabaat, Z. (Jordan) "A Comparative Study of Curriculum in the Primary School in Jordan, England and

Wales."

Barham, P. R. (UK) "Educational Equality and Post-Colonial Elites: a Case Study of Sri Lanka."

Chan, P. (Hong Kong) "Ideology and Education: a Case Study of the Major Debates and Conflicts in the Development of Contemporary Chinese Education."

Hardwick, B. (UK) "A Comparative Study of Teacher Education in Australia."

Hayhoe, R. E. (Canada) "German, French, Soviet and American University Models and the Evaluation of Chinese Higher Education Policy since 1911."

Papaphotis-Loizidou, E. (Cyprust) "Educational Initiatives of the Greek Community in Britain." (with M. McLean)

1985

Coulby, D. (UK) "Approaches to Understanding Urban Education in the UK and USA—With Particular Reference to the Education of Children Considered to Have Special Needs."

Kamijo, M. (Japan) "Comparative Study on Internationalization of Education in Japan."

Kouloughli, L. (Algeria) "The Algerian Fundamental Polytechnical School: A Problem Approach to the Algerian Trial to Reconcile the Social Economic Demands on the Educational System."

Osman, A. M. (Sudan) "Education and Development of Rural Communities: a Comparative Analysis—With Case

Studies in Thrce Villages in the Sudan."

Rwantabagu, H. (Burundi) "A Comparative Study Language Policy in Primary Education in Multilingual African Countries—With Particular Reference to Uganda and Zaire since Independence." (with C. Treffgarne)

Thaikoodan, J. (India) "Education and Rural Development in India since Independence in 1947 With Special Reference to Kerala."

1986

Barnes, A. N. (UK) "Schools and Society in a Centre-periphery Context: the Italian Mezzogiorno—With Special Reference to Sicily in the Early 1970s."

Dahawy, B. M. (Egypt) "Systems of Training Teachers of Basic Education in the Arab Republic of Egypt, Unesco's Statements, India and Kenya—a Comparative Study."

Kipnis, B. (Brazil) "Post Graduate Science Technology Policies on Brazil in the 70's—a Comparative Analysis."

Issan, S. A. Y. (Bahrain) "A Comparative Study of the Reorganization of Secondary Education in the Arab States of the Gulf-Bahrain, Kuwait and Saudi Arabia."

Markopoulous, A. (Greece) "Politics and Education: the Democratization of the Greek Education System."

McCrae, C. J. (New Zealand) "Problems in Educational Development in the Kingdom of Tonga: a Case Study."

Salazar, F. R. (Venezuela) "Higher Education and Development in Venezuela since 1958: an Approach—With

Specific Reference to the Curriculum."

Salman, A. M. H. (Jordan) "Some Problems in the Education Systems in Jordan."

Sancheti, H. (India) "Educational Dependency: an Indian Case Study in Comparative Perspective."

1987

Araujo, M. I. (Brazil) "Adult Illiteracy in Brazil—a Comparative Study of Proposed Solutions—With Special Reference to the Problems of the North-East."

Mohamed, A. M. M. (Egypt) "The Education of Technological Innovators: Engineering Curricula—With Special Reference to Saudia Arabia."

Reeves, D. T. (Australia) "Policy-making for Primary and Secondary Schooling in Rural Areas of Australia and England: a Comparative Study of Resistance to Change."

Wharton, A. J. (UK) "Education for Equality: the Education of Girls and the Role of Women in a Socialist Society: the GDR."

參考文獻

中文部分

王雅君（民76）。〈科學界線的再尋索〉。《科學哲學專輯》，
　　10期，頁37-42。

王耀宗（民71）。〈波帕爾對馬克斯主義的批評〉。《鵝湖》，
　　85期，頁34-39。

何俊青（民75）。〈卡爾巴柏的科學方法論及其在教育上的意
　　義〉。《國立台灣師範大學教育研究所期刊》，28輯，頁34-
　　39。

岑溢成（譯）（民71）。〈三個世界〉。《鵝湖》，85期，頁5-15。

周仲庚（譯）（民70）。《卡爾巴博》。台北：龍田出版社。

林正弘（民76）。〈過時的科學觀：邏輯經驗論的科學哲學〉。
　　《科學哲學專輯》，10期，頁20-26。

姜文閔（譯）（民84）。《我們如何思維》。台北：五南。

張忠宏（民84）。〈論卡爾・波柏的社會科學方法論〉。《國立
　　台灣大學哲學研究所研究生學報》，創刊號，頁173-189。

張旺山（民73）。〈關於卡爾・巴柏的幾點反省──兼評中譯本
　　「開放社會及其敵人」〉。《新書月刊》，8期，頁81-83。

莊文瑞（民76）。〈當代科學哲學的轉向〉。《科學哲學專輯》，

10期，頁27-36。

莊文瑞、李英明（譯）（民81）。《開放社會及其敵人》。台北：
　　桂冠。

陳伯璋（民69）。〈波柏科學方法論及其對教育研究的啓示〉。
　　《今日教育》，38期，頁29-37。

程實定（譯）（民78）。《客觀知識──一個進化論的研究》。
　　台北：結構群。

舒偉光（民83）。《科學哲學導論》。台北：五南。

楊國賜（民67）。〈進步主義教育哲學體系與應用〉。（博士論
　　文）。

楊國賜（民84）。《比較教育方法論》。台北：正中。

楊國賜、楊深坑（主編）（民81）。《比較教育理論與方法》。
　　台北：師大書苑。

劉福增（民68）。〈波帕爾的理性主義人道思想〉。《出版與研
　　究》，44期，頁18-23。

蔡坤鴻（譯）（民78）。《臆測與駁斥──科學知識的成長》。
　　台北：幼獅。

鍾淮（民77）。〈卡爾・巴柏思想方法評述〉。《共黨問題研
　　究》，10期，頁9-17。

英文部分

Bereday, G. Z. F. (1964).*Comparative Method in Education.*
　　N.Y.: Holt, Rinehart & Winston.

Brezhnev, L. I. (1977). *Soviet Union*. Moscow: Progress
　　Publishers.

Cohen, M. R. & Nagel, E. (1947). *An Introduction to Logic and Scientific Method*. London: Routledge & Kegan Paul.

Dewey, J. (1916). *Democracy and Education*. N.Y.: Macmillan.

Dewey, J. (1925). *Reconstruction in Philosophy*. N.Y.: Mentor Books.

Dewey, J. (1930). "Toward a New Individualism". *New Republic,* vol.62.

Dewey, J. (1933). *How We Think*. New York: D. C. Heath.

Dewey, J. (1934). "Can Education Share in Social Reconstruction". *Social Frontier,* vol. I.

Dewey, J. (1936). "Authority and Resistance to Social Change." *School and Society,* vol.44.

Dingle, Herbert(1941). *The Special Theory of Relativity*. N. Y.: Chemical Publishing Co..

Edward, Holmes, de Graaff (eds.) (1973). *Relevant Methods in Comparative Education*. Hamburg: UNESCO Institute for Education.

Epstein, E. H. (1983). "Currents Left and Right: Ideology in Comparative Education." *Comparative Education Review*, 3-29.

Garrido, J. L. G. (1987). "Methodological Approaches in Comparative Education." *Compare (vol.17)*, 29-37.

Hans, N. (1958). *Comparative Education*. London: Routledge & Krgan Paul Limited.

Holmes, B. (1965). *Problems in Education*. London : Rout-
ledge & Kegan Paul.

Holmes, B. (1965). "Rational Constructs in Comparative
Education." *General Education in a Changing World*,
142-153.

Holmes, B. (1977). "The Positivist Debate in Comparative
Education-an Anglo-Saxon Perspective." *Comparative
Education*, 115-132.

Holmes, B. (1979). *Ivory Towers, the Glass Bead Game
and Open Societies: the Social Functions of Compara-
tive Education*. London : University of London, Insti-
tute of Education.

Holmes, B. (1981). *Comparative Education: Some Considera-
tions of Method*. London : George Allen & Unwin.

Holmes, B. (1981). "Models in Comparative Education."
Compare (vol.11), 155-161.

Holmes, B. (1984). "Paradigm Shifts in Comparative Edu-
cation." *Comparative Education Review*, 584-604.

Holmes, B., (1985). "The Problem (Solving) Approach
and National Character." *Contemporary Issues in
Comparative Education*, 30-51.

Kandel, I. L. (1933). *Comparative Education*. Boston:
Houghton Mifflin.

Kuhn, T. S. (1962). *The Structure of Scientific Revolu-
tions*. Chicago: The University of Chicago Press.

Marx, K. & Engels, F. (ed. by Samuel H. Beer) (1955). *The*

Communist Manifesto. N.Y.: Appleton-Century—Crofts.

Mallinson, V. (1957). *An Introduction to Comparative Education.* London: Heinemann.

Medawar, Peter (1969). *Induction and Intuition in Scientific Thought.* London: Methuen.

McLean, Martin (1987). "Editorial." *Compare* (*vol.17*),3-6.

Piskunov, A. I. (ed.) (1975). K. D. *Ushinsky.* Moscow: Progress Publishers.

Popper, K. R. (1959). *The Logic of Scientific Discovery.* New York: Harper & Row.

Popper, K. R. (1961). *The Poverty of Historicism.* New York: Harper & Row.

Popper, K. R. (1963). *Conjectures and Refutations.* London: Routledge & Kegan Paul.

Popper, K. R. (1966). *The Open Society and Its Enemies.* (台北雙葉書局翻版).

Sadler, M. E. (1902). *Education in Germany.* London: HMSO.

Schlipp, P. A. (ed.) (1939). *The Philosophy of John Dewey.* Evanston: Northwestern University Press.

Schriewer, J. & Holmes, B. (eds.) (1990). *Theories and Methods in Comparative Education.* Frankfurt: Peter Lang .

Tiles, J. E. (ed.) (1992). *John Dewey* (*vol.* I). London : Routledge & Kegan Paul.

Tiles, J. E. (ed.) (1992). *John Dewey* (*vol.* IV). London :

Routledge & Kegan Paul.

Trethewey, A. R. (1976). *Introducing Comparative Education*. Australia: Pergamon Press.

Turner, D. A. (1987). "Problem-solving in Comparative Education." *Compare* (*vol.17*), 39-45.

Ward, Lester F. (1898). *Outlines of Sociology*. N.Y.: Macmillan.

國家圖書館出版品預行編目資料

霍穆斯的比較教育理論與方法＝Brian Holmes' the-
    ory and method of comparative education／陳錦瑩
    著. -- 初版. -- 台北市：揚智文化，2000[民 89]
    面；　公分. --（比較教育叢書；8）
    參考書目：面
    ISBN　957-818-073-X（平裝）

    1.比較教育學 – 哲學, 原理

    520.1   88015594

霍穆斯的比較教育理論與方法　　比較教育叢書 08

著　　者／陳錦瑩
出 版 者／揚智文化事業股份有限公司
發 行 人／葉忠賢
總 編 輯／孟　樊
責任編輯／晏華璞
登 記 證／局版北市業字第 1117 號
地　　址／台北市新生南路三段 88 號 5 樓之 6
電　　話／(02)2366-0309　2366-0313
傳　　真／(02)2366-0310
網　　址／http://www.ycrc.com.tw
E - m a i l／tn605547@ms6.tisnet.net.tw
郵撥帳號／14534976
戶　　名／揚智文化事業股份有限公司
印　　刷／偉勵彩色印刷股份有限公司
法律顧問／北辰著作權事務所　蕭雄淋律師
初版一刷／2000 年 1 月
定　　價／新台幣 280 元
Ｉ Ｓ Ｂ Ｎ／957-818-073-X